Towhata Kaito

東畑開人

雨の日の心理学

こころのケアがはじまったら

角川書店

まえがき——雨の日のガイダンス

こころのケアははじめるものではなくて、はじまってしまうものである。

つまり、自主的に、計画的に、よく考えて契約書にサインしてから開始するものではなく、受け身的に、期せずして、否《いや》が応でも巻き込まれてしまうものです。

よく晴れた休日に散歩に出かけたら、突然大雨が降ってくるようなものです。そういうとき、僕らは当初の予定を変更して、とにもかくにも雨宿りをできる場所を探したり、傘を買ったりしなければいけなくなります。

同じように、ある日突然、身近な人の具合が悪くなる。

子どもが学校に行けなくなる。パートナーが夜眠れなくなる。老いた親が離婚すると言い出す。部下が会社に来なくなる。あるいは、友人から「もう死んでしまいたい」と連絡が来る。

突如として、暗雲が立ち込める。

どうしてそうなったのか、なにをすればいいのか、これからどうなるのか、全然わからない。

でも、雨が降っていて、彼らのこころがびしょ濡《ぬ》れになっていることだけはわかります。

そのとき、あなたは急遽《きゅうきょ》予定を変更せざるをえません。とにもかくにも、なんらかのこころのケアをはじめなくちゃいけなくなる。

傍にいるのがあなただったからです。その人があなたの大事な人であったからです。

ある日突然、あなたは身近な人に巻き込まれて、雨の中を一緒に歩むことになってしまう。

こういうことがどんな人の身の上にも起こります。

人生には、こころのケアがはじまってしまうときがある。


ですから、突然の雨に降られている方々に向けて、あるいは長雨の中で日々を過ごしておられる方々のために、心理学の授業をしてみようと思います。

雨が降ったら、傘をさすように、こころのケアがはじまったら、心理学が役に立つと思うからです。

あ、でも、晴れた休日に読書を楽しもうとしている方も、もちろんウェルカムです。

長い人生、いつ雨が降るかわかりませんし、折り畳み傘を鞄《かばん》の中に入れておいても、損はありませんよね。

改めまして、こんにちは。

東畑開人《とうはたかいと》と申します。臨床心理士をしています。

これまで学校でスクールカウンセラーをしたり、病院で働いたりしてきました。その後、大学で臨床心理学を教える仕事をしていたのですが（この時期、授業のやり方を学びました）、今は自分でカウンセリングルームを開いています。

町医者ならぬ、町の心理士です。

ゆりかごから墓場まで、つまり子育ての悩みから遺産相続の悩みまで。町で暮らす人たちのあらゆる相談が持ち込まれます。

世の中にはほんとうにさまざまな悩みがあります。

人生のどんな段階・境遇にあっても、人間関係というものが必ずつきまとうからなのでしょう。こころとこころが一緒に居ると、そのあいだにはなにがしかの悩みが生まれてくるものです。そこに喜びや慰めもあるわけですが、こころとは厄介なものですね。

ですから、そういう話をよく聞き、心理学的に理解して、どうしたらこころとこころがうまくやっていけるのかを一緒に考えたり、アドバイスをしたりするのが、僕の仕事です。

これから、そのような経験を活《い》かして、こころのケアのための心理学をお話ししていこうと思います。

こころのケアとは何か、どうすればこころをケアできるのか、その本質から小手先の技術までを惜しみなくお教えする全五回の授業です。

このまえがきは、いわばガイダンスになります。

この授業でどんな話をするのか、最初に大枠を説明しますね。

このとき、なによりも押さえておきたいのは、心理学には三種類あることです。


世の中には三種類の心理学がある。

そのうち、二つはわかりやすい。

たとえば、大きな本屋さんに行くとよくわかります。

店頭の陽の当たる平積み台には『子どもの褒め方』とか『部下の伸ばし方』とか『自己肯定感の上げ方』みたいな本がずらりと並んでいます。

これに対して、店の奥の方、薄暗くて閑散とした本棚には、『うつの臨床心理学』とか『不安の認知行動療法』とか『日本のありふれた心理療法』みたいな本がギューギュー詰めになっています。

二種類の本がある。

素人のための心理学と専門家のための心理学です。

素人のための心理学。

一般市民が自分自身や身近な人をケアするための心理学です。

たとえば、『子どもの褒め方』みたいな本には、「頑張ったときには、頑張ったね、と伝えてみよう」的なことが書かれています。

褒められると、元気が出る。

当たり前、と思われるかもしれません。

でも、子どもとの関係に悩んで、追い詰められているときには、当たり前のことがわからなくなってしまうものです。

あるいは、頭ではわかっていたとしても、カーっとなっていたり、すっかり落ち込んでいたりするから、「頑張ったね」と素直には言いにくくなってしまう。

そういうときに、この手の本は当たり前のことを思い出させてくれます。「そうなんだよな」と改めて思えることで、「頑張ったね」と一声かけることができるようになる。

素人のための心理学とは、当たり前のこころの動きがどのようなものかを再確認させてくれて、当たり前のこころのケアを再開させてくれる「常識の心理学」だと言えます。

もうひとつが専門家のための心理学です。

心理士や精神科医、看護師やソーシャルワーカーなどのようなこころの専門家が、仕事としてケアをするための心理学です。

たとえば、『うつの臨床心理学』みたいな本には、「うつ」とはどのような病気なのか、どのようなタイプの「うつ」があるのか、「うつ」になると世界はどのように見えるのか、原因は何か、症状は何かなどなど、専門的な内容が専門的な言葉で書かれている。

ここにあるのは、常識だけでは対処できないような、当たり前じゃない動き方をするこころについての専門知識です。言い換えれば、病気や障害、問題行動についての心理学ですね。

こういう専門知識を、僕ら専門家は大学の授業で学んだり、休日の研修会で勉強したり、自分で本を読んだりしながら、日々の仕事をしているわけです。


素人のための心理学と専門家のための心理学がある。

それはすなわち、素人によるこころのケアと専門家によるこころのケアがあるということです。

このとき、専門家によるこころのケアこそが上質で、素人によるこころのケアは低品質だと思われるかもしれませんが、そうではない。

この二つは守備範囲が違います。野球で言えば、内野と外野みたいなものです。いや、違うな。セカンドとほかのポジション全部＋補欠＋監督＋マネージャーみたいなものです。

素人の方が断然広い範囲をカバーしています。

たとえば、体のケアを思い浮かべてみてください。インフルエンザにかかったとき、診断や病気のメカニズムの説明については、お医者さんの専門知識が信頼できます。これが専門家の守備範囲。

でも、療養中のケアとなると、話は変わってきます。

インフルエンザで寝込んでいるとき、最終的にケアをするのは素人だからです。ベッドに体を横たえるのは本人の意志だし（これをセルフケアと言います）、そのために仕事を調整するのは職場の同僚です。食事を作ったり、洗濯をしたりして、生活を支えるのは家族。

本当のところ、病気からの回復の九割五分を支えているのは素人によるケアです。こころのケアも同じです。

こころのケアの九割五分は素人によってなされている。

詳しくは一回目の授業で説明しますが、これがこの授業の基本的な認識になります。ですから、今から行われるのは、専門家向けではなく、素人のためのこころのケア教室です。

家族や同僚、友人のような身近な人を、素人としてケアするための心理学とはどのようです。

なものか。

これをお話ししていきましょう。

とはいえ、専門家の方々ももちろんウェルカムですよ。

素人たちがどうやって互いをケアするかがわかっていないと専門家としての仕事はできないし、専門家の人生にだっていつ雨が降るかわかりませんからね。


さて、これで終わりではありません。

もうひとつ、ガイダンスをしておくべきことがあります。

さきほど、僕が心理学には三種類あると言ったことを覚えておられますか?

そう、三つ目の心理学の話をしなくてはいけません。

ただし、素人のための心理学と専門家のための心理学とはまた別に、もうひとつの心理学があるということではありません。

そうではなく、素人のための心理学をさらに二種類に分けることができる、というのがミソ。

もう一度、『子どもの褒め方』に戻りましょう(『部下の伸ばし方』でも、『自己肯定感の上げ方』でもいいのですが)。

そこには、頑張っているときには「頑張ったね」と言ってあげよう、と書いてありました(相手の話をさえぎらずに最後まで聞こう、でもいいのですが)。

それは正しい。

誰だって「頑張ったね」と褒めてもらえたらうれしいし、次もまた「頑張ろう」と思える。あるいは話を最後まで聞いてもらえたら、元気が出ます。

繰り返します。まったくもって正しい。

だけど、実を言えば、その正しさには「晴れの日に限る」という但し書きがつきます。


次のようなときがあるからです。

「頑張ったね」と声をかけると、子どもが「俺のことなんもわかってないだろ!」と怒りはじめる。

「頑張ったね」とフィードバックしたのに、部下は「どうせお世辞に決まっている」と疑っていて、こころを開いてくれない。

仕事帰りにコンビニスイーツを買って、「頑張ったね」と自分に言い聞かせるのだけど、「こんなのゴマカシだ」と虚《むな》しくなっているあなたがいる。

そう、ふつうだったらケアになるはずの言葉が、こころを傷つけてしまっている。

人生には晴れの日もあれば、雨の日もあります。

健やかなるときもあれば、病めるときもある。

元気なときにはうれしい言葉も、調子が悪いときにはチクチクして聞こえます。


晴れの日には正しいケアも、雨の日には間違いになることがある。


ですから、素人のための心理学には、晴れの日の心理学と雨の日の心理学の二つが必要です。

「頑張ったね」の一言が、きちんと相手のこころに届き、ケアすることができるのが、晴れの日です。

相手がそれなりに元気なとき、ふつうの調子のとき、通常運行のときに、なにをすればこころのケアになるのかを教えてくれるのが晴れの日の心理学。

これに対して、「頑張ったね」と言われても、こころに響かず、かえって相手を傷つけてしまうのが、雨の日です。

相手の具合が悪いとき、病んでいるとき、非常事態のときに、どうすればこころをケアできるのかを教えてくれるのが雨の日の心理学。

この雨の日の心理学を、この授業ではお話ししてみようと思うのです。

というのも、それこそが僕の日々の仕事であるからです。

人々がカウンセリングにやってくるのは雨の日です。

身近な人の具合が悪くなる。よかれと思っていろいろな対処をする。だけど、うまくいかない。事態はむしろ悪くなっている。

晴れの日の心理学ではケアできない。

そういう事態に直面したときに、人は町の心理士を訪れます。びしょ濡れになりながら、「どうしたらいいですか?」と尋ねます。


これに対して、僕は専門知識を使って、問題を理解しようとします。

具合が悪くなっている人の抱えている豪雨のような不安を理解し、ケアしようとしている人とのあいだで起きている台風のようなコミュニケーションを分析する。

専門家のための心理学は、具合が悪いときのこころについて多くを教えてくれます。

そのうえで、アドバイスをする。

身近な人のこころのケアをするために、なにをするとよいのか、なにをしない方がよいのかを、具体的に、実務的に助言する。

このとき、僕は専門家のための心理学をそのまま処方するわけではありません。それを変形しています。専門知識を素人のための心理学に練り込み、混ぜ込み、ケアする人が日常で使えるものにするわけです。

　これが雨の日の心理学です。


　こういうことです。

　雨の日の心理学とは、専門家のための心理学を、素人のための心理学に微量だけ忍び込ませたものです。

　晴れの日の心理学では対処しきれないとき、こころの不調についての専門知識を活用することで、日々のこころのケアを可能にする。

　そういう仕事を僕は毎日やっている。


　ですから、これからはじめる授業はカウンセリングのおすそわけです。

　僕の畑で穫《と》れた雨の日の心理学を、産地直送でご自宅にお届けします。どうか身近な人と一緒にご賞味ください。

　そういうコンセプト。


　各回の内容は以下の通り。

　一日目と二日目には、こころのケアとは何か、雨の日の心理学とは何かについて、理論的なことをわかりやすく説明しようと思います。ここまでお話ししてきたことの詳しい解説にもなるはずです。

三日目と四日目には、具体的に何をするといいのか、あるいは何をしないといいのか、こころのケアのための小手先の技術をお教えします。とりわけ話のきき方と、おせっかいの仕方がテーマです。

そして、最後の五日目は、ちょっと趣向を変えて、ケアする人が元気でいるためには何が必要なのかを考えてみようと思います。

さあ、これでガイダンスはおしまいです。

いかがでしょうか。

もしあなたが受講してみようと思ってくださったなら、ぜひ想像してください。

今から町の心理士の、町で暮らす人々に向けた「こころのケア教室」がはじまります。

あなたは公民館の一室や、商店街の一角にある謎の集会所、あるいは駅前のカルチャーセンターの教室にいます。

外では雨が降っていて、狭い部屋には黒板と古びた長机がいくつか置かれています。

町で暮らす人々がぽつぽつと集まってきます。ざわざわとしている。あなたはポツンと椅子に座っている。

そこに町の心理士が入ってきます。小さく咳払《せき》いをする。

「じゃあ、はじめましょうか」

人々はおしゃべりをやめます。教室はしんとして、外の雨音だけが聞こえます。

町の心理士は続けます。

「こころのケアがはじまったら、雨の日の心理学が役に立つ。どういうことかを説明するために……」

雨の日の授業のはじまりです。

C o n t e n t s

装画　福田利之
装丁　原田郁麻

1日目

こころのケアとはなんだろうか

―― 雪だるまを溶かさない ――

何か新しい仕事に取り掛かる準備としていったん気を取り直すこと（collectio animi 元気の回復）は、魂の力の平衡を回復してくれ、ひいては心の健康を促進してくれる。それには社交での――演劇と同じように――変化に富んだ話題でいっぱいの歓談が最も有効な手段である。

イマヌエル・カント「実用的見地における人間学」（『カント全集15』所収）

じゃあ、はじめましょうか。

こころのケアがはじまったら、雨の日の心理学が役に立つ。どういうことかを説明するために、まず晴れの日についてお話しすることにしましょう。

ガイダンスを覚えていますか？　相手がそれなりに元気なとき、ふつうの調子のとき、通常運行のときが晴れの日です。

雨が降って、こころのケアがはじまってしまう前の段階です。でもね、実は晴れの日にすでにこころのケアの基本形が存在しています。

はじまる前に存在している？

矛盾を感じるかもしれませんが、ここにこころのケアの秘密があります。

初回の授業から、一気に本質的な話をしていきますよ。

こころのケアとはなんだろうか？

これが今日の問いです。

◎エピグラフの秘密

とはいえ、ゆっくり進めていきましょう。まずはエピグラフ。

エピグラフとは、いろいろな本の最初のページについている謎の格言みたいなやつのことです。ああいうのがあると俄然《がぜん》格調が高くなった気がするので、僕は授業の最初に必ずエピグラフをつけることにしています。

もしかしたら、いろいろな本の言葉を暗記していてすごいな、賢人じゃん、と思われるかもしれませんが、それでは僕の思う壺《つぼ》です。

実際には直近で読んだ本の中で関係がありそうなカッコいい言葉を選んでいるだけですよ。過去に読んだ本を全部覚えているわけないじゃないですか。たぶん、ほかの著者もそうなんじゃないかな。

二ページ前のグレーの枠を見てください。これはカントという哲学者の『実用的見地における人間学』という本の一節です。

カントというと、小難しい哲学者というイメージがあるかもしれませんが、この本の彼は違います。超ポップです。

この本で、カントは世間をうまく渡っていくにはどうしたらいいかを哲学しているんです。たとえば飲み会ではビールではなくワインを飲むと饒舌《じょうぜつ》になれる、みたいなことがたくさん書かれています。非常に楽しい本です。

そこでカントが言っている。

元気を回復するためにはおしゃべりが一番である。

いいですよね。

盛り上がる飲み会が、魂の力を取り戻す。こころを健康にしてくれる。

金曜日のサラリーマンが言いそうな人生訓だけど、カントが言うと説得力がありますね。

そして、これこそが晴れの日のこころのケアの本質なんですね。

どういうことかを今から説明していきますね。

こんな感じで、僕の授業ではエピグラフを使っていきます。毎回の授業の根本精神みたいなのを表しているのがエピグラフだということです。

◎こころのケアとはなんだろうか

さて、結論を先に言ってしまいましょう。

こころのケアはありふれている、まるで酸素みたいに。

この認識が決定的に重要です。

あなたはすでにこころのケアのことをよくよく知っているということです。それは酸素のように日常に満ち溢《あふ》れていて、あなたは日々気づかないうちにこころのケアをしたりされたりしている。

意外に思われるかもしれません。

「こころのケア」というと特別な何かをすることみたいなイメージがあるからです。

たとえば、災害や事件が起きたときに、「こころのケアが必要です」とテレビで言われるように、こころのケアは非常事態になされる、専門家による特別な作業だと思われがちです。

でも、そうじゃない。

こころのケアとは素人が日々の生活で自然に交わし合っているものです。

朝食の準備をしたり、職場であいさつを交わしたり、エアコンの温度を調整したりしているとき、つまりふつうのことをふつうにしているとき、本当のところ、僕らはこころのケア「も」しています。

ありふれた日常的な営みに、こころのケアが織り交ぜられている。この当たり前さこそがこころのケアの基本形です。ヨーグルトで言えば、プレーン味。

だとすると、どうして僕らはときどきこころのケアを難しく感じるのでしょうか？

こうして本を読まねばならないくらいに、当たり前にあるはずのこころのケアがわからなくなってしまうのはなぜなのか？

これを明らかにするために、今日はこころのケアの地図を描いてみましょう。

皆さんが取り組もうとしているこころのケアはどこで何をすることなのか、全体を見渡しておきたい。

そのために、医療人類学のヘルス・ケア・システム理論と、臨床心理学のケアとセラピーの理論を紹介します。

最初に理論、それから技術。

この授業は基本的にこの順番でやっていきます。

状況を理解してから、具体的な対処法を考えていくのがケアの基本スタイルです。

なので、後半に行くほど実務的な話が増えていきますが、今日は最初なので理論多めになると思います。

頑張ってやっていきましょうね。

今日取り組むのは次の二つの問いです。

①誰がこころのケアをするのか？（ヘルス・ケア・システム理論について）

②何をするのがこころのケアなのか？（ケアとセラピーの理論について）

順番に考えていきましょう。

こころのケアを担うのは誰か

◎社会の中のこころのケア

僕らの社会にあって、こころのケアはどこで行われているのか、誰がそれを担っているのか、まずはこころのケアの全体像をつかんでおきましょう。

このとき、役に立つのが医療人類学という学問です。

簡単に言ってしまうと、世の中に存在する治療やケアを、社会や文化ごとに、あるいは時代ごとに比較する学問ですね。

たとえば、現代のカウンセリングと二百年前のキリスト教の悪魔祓《ばら》い（イタリアでは再び流行《はや》っているらしいですよ）を比較してみると、時代によってこころの治療が大きく変わっていることがよくわかります。

昔は異常事態が起きると悪魔のせいにされたけど、今では自分のこころのせいにされるようになった。世知辛いですよね。

いずれにせよ、こういう差異から、こころを病んだり、癒《いや》されたりすることが、社会や文化からどのように影響されているのかを考えるのが、医療人類学です。
心理学がこころの側からケアを考える学問だとすると、医療人類学は社会の側からケアを考える学問だと言えるでしょう。

この授業では基本的にこころのサイドと社会のサイドの両方から、ケアについて考えていくことになります。そうすると、うまくケアができるんですよ。

ですので、まずは社会の側からはじめましょう。

◎ケアの地図

医療人類学のスーパースター学者がアーサー・クラインマンです。『病いの語り』という本が有名ですが、僕はその前に出された『臨床人類学』という本が非常に好きで、人生を変えた一冊だと思っています。僕のカウンセリングルームには本棚があるのですが、その一番いい場所にこの本が置かれています。

で、その本で彼が提唱したのがヘルス・ケア・システム理論です。これ、名前は硬いんですけど、なかなか深い理論です。

ヘルス・ケア・システム理論は、クラインマンが台湾でフィールドワークをすることによって生まれたものです。彼自身はアメリカの精神科医であり人類学者なんですが、一九六〇年代の終わりから七〇年代にかけて、台湾に行って、そこでいろんな治療を見て回るんですよ。

当時の台湾って面白いんです。いわゆる近代西洋医学みたいなものがもちろん入ってきているんだけど、伝統的な薬草を使う東洋医学のお医者さんたちもいっぱいいて、かつ「タンキー（童乩）」と呼ばれるシャーマンもふつうに活躍している。

そういう風にいろんな治療が入り乱れているところでクラインマンは暮らして、台湾の人々がどうやって自分の心身の不調をケアしているのかをつぶさに観察したわけです。すると、人々がいろいろな治療を自由自在につまみ食いしながら、自分の健康を維持しているのがわかってきた。

これを整理して、図式化したのがヘルス・ケア・システム理論です。ケアを考えるうえで、もっとも基本的で、最強の理論だと個人的には思います。

いわば、ケアの地図。

この理論のどこかに、あなたが今担っているケアの場所も見つかるはずです。地図を開いてみましょう。こんな感じです。

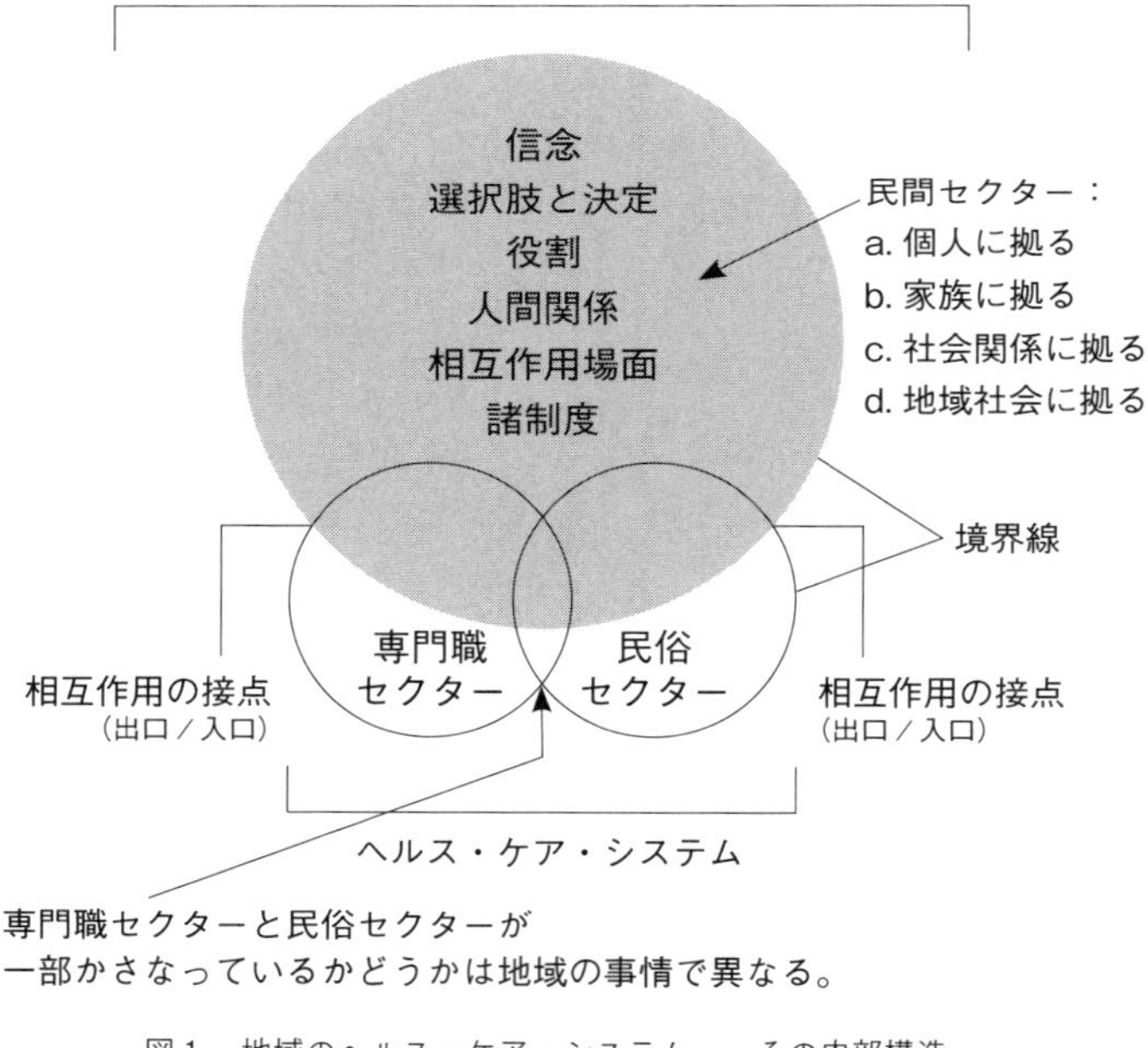

図１　地域のヘルス・ケア・システム――その内部構造――

◎ケアを提供する三つのセクター

難しい話は抜きにして、超シンプルに説明しましょう。

クラインマン曰《いわ》く、ヘルス・ケア・システムは三つのセクターからできています。四国が四つの県からできているのと同じです。

つまり、この社会には専門職セクター、民俗セクター、民間セクターの三つがあって、それらがそれぞれに異なるケアを提供している。僕らはこの三つをぐるぐる回りながら自分のこころや体をケアしている。

どういうことか?

◎専門職セクターの信頼される治療者

まず専門職セクターから。それはパブリックで、オフィシャルな、つまり社会から公認されている治療者たちの世界です。

今の日本だとお医者さんがその典型です。医学は社会から信用されている学問で、医師は信頼できる職業だと思われていますよね(たぶん)。

あるいは、僕は公認心理師という資格を持っているのですが、これもまたその名前からして専門職セクターの一員であることを示しています。ほかにも看護師とか、理学療法士とか、いわゆる国家資格になっているのが専門職セクターの治療者だと、とりあえずは言っておいていいでしょう。

パブリックであることが重要です。それは社会的に影響力があるということです。たとえば、コロナ禍のとき、国の有識者会議にはお医者さんが入っていて、コロナ対策をどうするか話し合っていました。

専門職セクターの考え方が、国民みんなのためのケアの方針を決めていたということです。こういうときに、魔術師が有識者会議に入ったりしてたら、多分内閣総辞職になると思います。

でもね、平安時代だったら陰陽師《おんみょうじ》の出番だったと思います。疫病が流行ったらシャリシャリ登場してきて、「遷都しかないです!」って関白に進言していたはず。平安時代には陰陽師は公務員で、専門職セクターの一員だったからです。

そういう意味で、誰が専門職セクターに含まれるかは、時代によって変わる。古代インドであればアーユルヴェーダとかも専門職セクターでしょうし、風水が専門職セクターだった社会もありますよね。

◎民俗セクターの怪しい治療者

これに対して、民俗セクターというのは非公認の、オルタナティブな治療者たちの世界です。

今の日本だと占い師とか、スピリチュアルヒーラーとか、自己啓発セミナーとかがそうですね。ほかにも神社でやっているお祓いとか、キリスト教の悪魔祓いとか、そういう宗教的な治療というのも、基本的には民俗セクターに入ります。

ちょっと「怪しい」と思われている人たちですね。

実は僕は民俗セクターが得意分野なんです。以前、沖縄に住んでいて無職になってしまった時期に、民俗セクターの治療者たちに取材をして、本を書いたんです。

取材と言っても、実際には前世を見てもらったり、天使に癒してもらったり、こころのブロックを外したりと、謎の治療をたくさん受けて回っていただけです。それどころか、最後はそういう治療者に弟子入りまでしてしまった。

それでわかったのは、民俗セクターの治療は確かに科学的には怪しいは怪しいんだけど、人生にはそういうものが必要になるときもあるってことです。


たとえば、がんになったとき、最初は当然医療機関にかかります。つまり、専門職セクターのところにいく。でも、進行していてもう治らないとなったときに、宗教に頼りたくなるというのは素朴なこころの働きだと思いませんか。

これはすごく人間的なことだと僕は思うんです。世の中には治らない病気がどうしても存在するし、どうにもならない不幸や災厄がいっぱいあります（僕にとっては無職になったのがそういうことでした）。

科学では対処できないことが人生には起こる。

それでも、人が懸命に生きていこうとするときに、霊や天使や運命のような、一般常識とは別の次元の物語が役に立つとき「も」あるということです。

若いときよりも、年を取ってくると、ままならないことが増えてくるので、民俗セクターの地位が上がってくる気はしますね。

◎二つの専門家

専門職セクターと民俗セクターはいずれも専門家です。

医者も霊能者も専門家。

医者はともかく、霊能者は意外に思われるかもしれないけど、彼らはともになんらかのトレーニングを受け、専門的な理論や技術を身に付けて治療者をやっています。

ただし、民俗セクターはあくまでオルタナティブであり、非公認の治療をやっているという点で、専門職セクターとは違う。

たとえば、霊能者の書いた診断書では会社を休めないんですよね。そういうパブリックな書類は医者が書かないといけない。あるいは国の予算で全国の厄年の人にお祓いを提供することはできないんですよ。そんなことやったら憲法違反で訴えられます。

いずれにせよ、公認と非公認の二種類の専門家がいるということです。

◎民間セクターの素人治療者

さて、実は以上は前置きです。

というのも、専門家の出番は基本的には雨の日だからです。ですので、その話はまた次回にするとして、ここから晴れの日の話をしたい。

ヘルス・ケア・システム理論の真骨頂はこちらにあります。


もう一度、さきほどの地図を見てください。

実は専門職セクターと民俗セクターって、ちっちゃいんですよ。ケアということに関していうと、専門家の果たす役割はそれほど大きくない。

断然大きいのが民間セクター。

ここでなされているのは、家族とか友人とか同僚とかの身近な人によるケアです。あるいは自分で自分に対してなすケアです。

民間セクターとは、素人によってなされているケアのことで、これがケアの地図で圧倒的に大きな割合を占めている。

実際、皆さんの日常をふりかえってみれば、ケアのほとんどが素人によって担われていることがわかるはずです。

たとえば、体調が悪くなったとき、最初から病院に行かないですよね。まず体温計を使って自分で熱を測ってみます。すると、三七・六度と出る。ああ、風邪を引いたと思う。このとき、僕らは自分で自分の「検査」をして、自分で自分を「診断」しています。

素人による治療の鉄板は休養である。

「風邪を引いたみたい」と家族に伝えると、「今日は休みにして、寝ておいた方がいいよ」と言ってくれて、身の回りのことをいろいろとやってくれる。ゼリーを買ってきてくれて、おかゆを作ってくれる。このとき、ケアしているのは家族です。

おかげさまで、次の日起きると、スッキリしている。

その風邪は専門家の力を借りることなく、素人治療者だけによって治ったということです。

◎セルフケアとピアサポート

こころのケアでは特に民間セクターの力が絶大です。

悩みがあったときに、すぐに精神科医やカウンセラーのところにいく人っていないと思うんですよ。

まずは民間セクターでのケアが始まる。

なんだか元気が出ないとき、働きすぎて、疲れているんだろうと思って（これはセルフ診断）、早く寝ることにしたり、「頑張らねば」と自分に言い聞かせたり、お酒を飲むことで紛らわしたりする（セルフ投薬ですね）。

こういう自分で自分に対して行うこころのケアを「セルフケア」と言います。


セルフケアではどうにもならないときには、周りの人に相談します。

友人にＬＩＮＥをしたり、同僚と飲みに行ったり、家族に困りごとを打ち明ける。すると、周りの人はケアに乗り出します。

話をきいてくれたり、彼らなりのアドバイスをしたりしてくれる。ときには気晴らしに誘ってくれることもある。

これを「ピアサポート」と言います。周囲の素人たちによるケアのことです。


それで大体の問題は解決します。

ドライアイスを水の中に置くと、ブクブクと泡を吐き出すように、人間関係の中に置かれた僕らのこころからは、無限に悩みが湧きだします。

これらのほとんどが、時間の力によってなんとかなっていく。

一晩寝るとどうでもよくなる悩みって案外多いし、一週間経つと非常事態だった人間関係は平常に復していくものです。

その時間をセルフケアとピアサポートでしのいでいくわけです。


いや、それだけじゃない。

特別に悩みがない日にだって、こころのケアは絶えることなく交わされています。

朝出勤すると「おはよう」とあいさつしてくれて、「今日もいい天気だね」とどうでもいい雑談を交わす相手がいることで、僕らのこころはケアされている。

よく晴れた休日に、自分で自分のためにコーヒーを淹《い》れて、友人とＬＩＮＥでどうでもいいトピックをやりとりしていることで、こころはケアされる。

朝起きて、出かける場所があることそのものがこころのケアになるし、仕事から帰ってきたときに、自宅に家族が「居る」ことそのものがこころのケアになっている。


ふつうのことがふつうにある。


これが晴れの日のケアです。

風がそよぎ、雲が空を流れるように、こころのケアが自然に行き交っている。

そのとき、僕らは自分がこころのケアをやっているとか、受けているとかと、わざわざ考えることもない。

自分に無理をさせないで過ごしていることが究極のセルフケアであり、周囲に人がいて、自然な交流がなされていることが究極のピアサポートです。


晴れの日にはこころのケアは素人によって担われている。

これが今日の一つ目のポイントです。

ならば、素人たちは、いかにしてこころのケアを行っているのか？

ここに晴れの日の心理学が現れます。

◎世間知——当たり前の常識

晴れの日の心理学とは何か。

ありふれた日常において、素人たちがこころのケアをする際に用いている理論と知識のことです。

晴れの日の心理学は二つの要素からできています。

ひとつが世間知で、もうひとつは熟知性。

両方に「知」という字が入っているのがミソです。


知ることがケアになる。

まずは世間知から説明しておきましょう。

これはエピグラフに挙げたカントの本で示された概念です。

カントは大学で学ぶことのできる「学校知」だけでは、生きた哲学をすることはできないと考えました。

大学を出てから、哲学者はさまざまな人生経験を重ねる必要がある。そのためにはとりわけ、旅が大事だとカントは言います（旅行記を読むのでもいい、と付け加えられているのには笑いました）。

ようは、人間を知るためには、学校の勉強だけじゃなくて、世間を知らなきゃいけないということです。中小企業の社長みたいな物言いで、なかなかいいですよね。


世間は広いので、いろいろな世間知があります。

たとえば、僕なら学会の世間知というものがある。

大学院生の頃に、学会というのは最新の学問的見解を闘わせる場所だと教えられました。根が素直なので、僕はそれを真に受けてしまって、卒業してからも、学会で古い知り合いとか先生とかに会うと、議論を挑んだりしていたのですが、うざがられました（笑）。

僕がしゃべりはじめると、みんなどこかにいっちゃうんですよよ。

ひどいよね、でも僕が馬鹿だった。学校知だけで、世間知がなかったからです。

だんだんわかってきたのは、学会で久々に再会したら「大学って忙しいですよねー」とか「物価上がりすぎだと思いません？」と世間話をしたり、健康診断の悪かった数値を打ち明けたりすると、ちゃんと話が盛り上がるということです。

学会とはバトルフィールドではなく、懇親会場だったわけです。僕自身も、そういう話をできるようになったら、学会が俄然楽しくなりました。

これに気づいたのが三十代後半です。遅まきながら、世間知がついて、それからはちゃんと親睦《しんぼく》を深めることができるようになりました。

世間知とは、何をしたら生きやすくて、何をしたら生きづらくなってしまうかについてのローカルな知のことである。

場所ですね。あなたの生きている場所についての知が世間知。

会社には会社の世間知が、学校には学校の世間知が、あるいは地域の自治会には自治会の世間知があることでしょう。

金曜日の夜に居酒屋にいくといいです。サラリーマンたちが世間知を披露しあっています。そうやって、自分たちの会社ではどうふるまっているとうまく過ごせるのかの情報をシェアしている。こういう歓談が「元気の回復」に役立つわけですね。カントの言う通りだ。

世の中にある世間知の最大公約数が「常識」です。

深夜に怒りのメールを打たない方がいいとか、困った事態になったら上司には小まめに報告をした方がいいとか、そういう当たり前のことが、苦しいときの適切な指針になります。

常識というのは、社会を安全に渡っていくための知なんですね。僕らは追い詰められるとしばしばそういうものを忘れてしまうので、常識を教えてもらえると助かるときがある。

◎熟知性——よく知っていること

もうひとつが「熟知性」。

これは中井久夫《なかいひさお》という精神科医の言葉で、「よく知っていること」、「よくわかっていること」を意味しています。

たとえば、以前僕が鬱々《うつうつ》としていたとき、友人がＬＩＮＥで声をかけてくれました。

「東畑さんって、新しい本が出た直後はいつもそうなるよね、もうエゴサーチしない方がいいよ」

そう、僕は新刊の評判が心配で、ＳＮＳでのエゴサをやめられなくなってしまう人なんです。褒められていたら喜んで、けなされていたら傷つく。それで不安定になってしまう（ということは、あなたがこれから何を為《な》すべきか、わかりますよね？）。

友人にはそれがわかっている。ですから、エゴサーチをやめなさいという適切なアドバイスをしてくれる。

僕がどういう人かをよく知っていて、今どういう状況に置かれているのかを把握している。そして、そういうときにこれまでどうやって回復してきたかがわかっている。

「よくわかっている」ことで、こころのケアが可能になる。


これが熟知性です。

家族の中で行われているケアでは、まさに熟知性が駆使されています。

ずっと一緒に暮らしているから、いろいろなことをよく知っているわけです。

たとえば、うちの子どもは運動会とか学芸会とか、大きな行事があった次の日にいつも休む。そして、一日休むと回復して、そのあとはちゃんと学校に行く。

そういうことが今までの経験でわかっていれば、調子悪そうに見える朝でも慌てないで済む。「今日は休んで、明日《あした》から行こうか」ってさらっと言える。熟知性ゆえになせるこころのケアです。


結局ね、こころのケアには普遍的な正解はないんですよ。

自己啓発本には「熱い思いを伝えると人は動く」みたいな世間知が書いてありますが、目の前で落ち込んでいる部下を熱く励ました方がいいか、静かに見守った方がいいかは、部下がどういう人かによるじゃないですか。

世間知は熟知性を伴ってはじめて役に立つものになるということです。

晴れの日の心理学は二つの「わかる」でできている。

ひとつはその人が生きている場所を「わかる」ことで、もうひとつはその人の個人的なことを「わかる」ことです。

この「わかる」がこころのケアにとっては根源的に重要なのですが、それは回を追うごとにご理解されていくかと思います。

◎晴れの日にはわかっている

まとめておきましょう。

誰がこころのケアをするのか？

その大部分は素人が担っている、というのがヘルス・ケア・システム理論の答えでした。

素人の、素人による、素人のためのケア。

プレーンなこころのケアとはそういうものです。大半はそれでうまくいっている。

これが晴れの日でした。

晴れの日とは、こころのケアがうまくいっているときのことなんですね。元気であるとは、こころのケアが必要ないことではなく、十分にこころのケアが足りていることです。

周りが自分のことをちゃんとわかってくれている。だから、こころのケアは自然に交わされている。

そういうときに、僕らは元気でいられます。

問題は、これがときどきうまくいかなくなることです。雨の日がやってくる。ですが、これについては次の授業で本格的に取り組むこととして、ここで二つ目の問いに移りたい。

何をするのがこころのケアなのか？

素人は「わかる」ことによってこころのケアをしているとして、具体的には何をわかって、何をしているのか？

もう一段深掘りをしておきましょう。

ということで、話はここから実務的になっていくのですが、一度休憩にしましょうか。ひとりで長々と話しているのも、話を一方的に聞いているのも健康に悪いですからね。どうぞ周りの人と歓談してください。

カントの教えに従っていきましょう。

何をするのがこころのケアなのか

ここから今日の後半になります。

何をするのがこころのケアなのか?

これを考えるうえで、ケアとセラピーを分けておくのが役に立ちます。

ここからはクラインマンではなく、僕が以前に書いた『居るのはつらいよ』という本で整理したケアの地図を見ていきましょう。

ケアとセラピーとは、僕らが困っている人と接するときの、二つのかかわり方のことです。

たとえば、子どもが学校に行きたくないと言ったとき、その日無理にでも学校に行かせるべきなのか、あるいは休ませるべきなのか、あなたは悩む。

同じとき、担任の先生も、家庭訪問すべきなのか、今日のところはそっとしておいた方がいいのか、悩んでいるはずです。

このとき、あなたと先生を引き裂いているのは、ケア的なかかわり方をするべきか、セラピー的なかかわり方をするべきかという二択です。

まるでハムレット、to be, or not to be みたい。

ケアするべきか、セラピーするべきか。

こころに雨が降っている人とかかわるとき、僕らはその二つの間で引き裂かれます。すべての人間関係で、対応に困っているときには、ケアか、セラピーかの二択が発生しています。

上司が部下を叱るべきか褒めるべきかと悩むときもそうだし、友人の過ちを見て見ぬふりするか、きちんと忠告するか悩むときもそうです。

カウンセリングだってそうです。僕もしょっちゅうケア的な対応をした方がいいか、セラピー的な対応をした方がいいか迷っています。

ですから、ケアとセラピー、この二つのかかわり方の内実を、それぞれに見ていこうと思います。

ぜひあなたの今日なさった対応が、ケア的だったか、セラピー的だったかをふりかえりながら、お聞きください。

◎ケアとは何か

ケアとは何か。一言でズバリ答えましょう。

ケアとは傷つけないことである。

もしかしたら、拍子抜けされたかもしれませんね。

「傷つけない」というと、なんだか消極的な感じがするからです。「じゃあ、ほっとくのが一番いいじゃん」っていう話になっちゃいますよね。

でも、違う。ケアは深い。

たとえば、雪だるま。あなたの腰の高さくらいのかわいいやつを想像してください。

雪だるまはほっとくとどんどん溶けてしまいます。何もしないと傷ついてしまう。ですから、彼を傷つけないためには、絶えず氷を運んであげたり、スノーマシンで人工雪を吹きかけたりしてあげないといけない。

雪だるまを溶かさないためには、積極的な努力が必要である。

同じように、僕たちにもほっとくとどんどん傷ついてしまうときがある。

たとえば、バイトの初日で誰も声をかけてくれないと、「邪魔者だと思われているんじゃないか」と被害妄想に陥ってしまいますよね。

ですから、初日のバイト君を傷つけないためには、通常通りではダメで、いつも以上に声をかけて、積極的に親切にしてあげないといけない。

ならば、こころを傷つけないとはどういうことなのか？　何をすればこころを傷つけないで済むのでしょうか？

必要なことをしてあげることです。

雪だるまは冷たいものを運んでもらうことを必要としているから、氷を運んであげる。

新人君は無視されないことを必要としているから、話しかけてあげる。

これが傷つけないことです。

つまり、ニーズです。

雪だるまには雪だるまのニーズがあって、それが満たされないと傷ついてしまう。

したがって、こう言い換えることができる。

ケアとはニーズを満たすことである。

◎ニーズとは何か

具体例を挙げましょう。

仕事を定年で辞めてから、夫婦関係が悪くなったと相談に来た初老の男性がいました。

彼は言います。

「もっと妻の話をきいてあげた方がいいのでしょうか？」

うーむ、と僕は頭を抱えます。なんだか上から目線で、余計に相手を怒らせる気がするからです。そこで、僕は彼を傷つけないように言葉を選びながら（これまたケアです）、伝えます。

「そうですねえ、でも今の奥さんはあなたに話をきいてもらうことを望んでいない可能性もありますよね。これだけ険悪になっていて、『話きくよ』と言われても、ムカついてしまうかもしれません。そうじゃなくて、奥さんが楽になることを探してみませんか？」

幸いにも彼は同意してくれたので、二人で作戦会議をして、朝のあわただしい時間に、妻がやっている皿洗いを彼が代わりにやってみることにしました。

大したことじゃないんですよ。妻が担っている家事の総量からすると、微々たるものですし、そういう状態になっていることそのものに夫婦の問題があったのだと思います。

それでも、その中のひとつがなくなると少しは楽になるはずです。

洗い直しになって二度手間にならないように、YouTubeの皿洗いのやり方動画を見て勉強して、夫は毎朝皿洗いをするようになりました。その結果は悪くないものでした。

ニーズを満たすとはそういうことだと思います。相手が必要としていること、相手の負担になっていることを肩代わりする。

肩代わり。これを次のように言い換えることができます。


ケアとは依存を引き受けることである。

◎依存を引き受ける

僕らの毎日は、自分で自分のことをやることの繰り返しです。

朝起きたら顔を洗い、自分の足で職場に行き、やらねばならない仕事を自分の力で片づける。家に帰ってきたら、食事を作り、自分の体を自分で洗い、自力で寝る。

大人は日々自立を求められている。

これと正反対なのが赤ちゃんです。赤ちゃんはそれらを全部やってもらう。食べさせてもらい、体も洗ってもらい、寝かしつけまでやってもらう。一〇〇%依存しているのが赤ちゃんで、これらのケアがないと、赤ちゃんは傷ついて、最悪死んでしまいます。

同じように、僕らもときどき、赤ちゃんのように依存をするわけです。たとえば、風邪を引いたときは名誉赤ちゃんになって、自分でやるべきことを周りの人に肩代わりしてもらいます。周りにお世話してもらう。

「お世話をすること」こそが依存を引き受けることである。

喉《のど》が渇いている人に、水を汲《く》んできてあげる。雨が降って濡《ぬ》れている人に傘を差し出す。相手が必要としているものを、代わりに調達してあげる。

これがケアになる。

◎具体的な行動がこころをケアする

水を汲んでくる。ここに重要なポイントがあります。こころのケアというと、「話をきくこと」みたいに精神的な作業のイメージがあるかもしれませんが、実際にはその多くは水汲みや皿洗いのような具体的行動によってなされます。物理的な親切が、こころに働きかけるわけです。

たとえば、あなたが高校生だったとして、朝起きたら大雨だったとしましょう。駅まで歩いていくだけで、びしょ濡れになってしまうことを思うと、学校に行くのが面倒くさくなります。

すると、親が「車で送るよ」と言ってくれます。助手席には安心感がある。フロントガラスには叩《たた》きつけるような雨が降っていますが、あなたはエアコンの効いた車のシートにゆるりと座っている。

そのとき、親のことをいつもよりも身近に感じるはずです。自分のことを気にかけてくれている感じがして、ホッとする。思春期の孤独が少しだけ和らぎます。

このときのこころのケアは、言葉ではなく、車で送るという即物的な作業によってなされています。

あなたは雨に濡れなかったという物理的な利益だけではなく、それを通じて他者が自分を心配してくれているという心理的な安心感を得ている。

具体的な行動がつながりを実感させてくれる。

この点からいくと、お金というのもケアになります。もしかしたら最強のケアかもしれない。

大学生のときを思い出します。あるとき、お金がなくなったんですよ。このままじゃ、月を越せないってときにね、日雇いのバイトに行ったんですけど、僕は根源的に軟弱な人間なので、一日で音をあげました。

そこで最後の手段と思って、祖母の家に食事をしに行ったんです。もちろん、狙いはお米ではなくお金です。だけど、僕はなかなかお金をくれって言えなかったんですよ（卑しいけど、誇り高いんです）。

そしたら帰る直前に、僕がなんも言ってないのに、祖母がお金の入った封筒をくれたんです。僕が家に来ると言った瞬間から、無心だとわかっていたんでしょうね。

これがニーズを満たし、依存を引き受けるということです。祖母は僕のこころをちゃんとわかっていて、何も言わずともお小遣いをくれた。

財布とこころは同時に温まるんだよね。

◎雪だるまを溶かさない

というわけで、ケアとは傷つけないことであることを見てきました。

ようは、雪だるまを溶かさない。

雪だるまが、ほっておくと溶けてしまうことを理解して、そうならないように代わりに氷を運んであげる。

そういうときに、僕らはケアをしている。

いいですか、以上がこの授業の基本命題になります。

どんどん溶けていく雪だるまのことをこころに浮かべながら、今後の話をきいてもらえたらと思います。


さて、ここでセラピーに話を移しましょう。

◎傷つきと向き合うのがセラピー

セラピー。

僕らが困っている人と接するときの、ケアとは異なるかかわり方です。

単刀直入にいきましょう。


セラピーとは傷つきと向き合うことである。

雪だるまに対して氷をせっせと運ぶのがケアでした。

でも、いつまでもそんなことをやっていられないですよね。僕にだって日々の暮らしもあれば仕事もあります。冬だっていつかは終わって、春が来る。

だから、雪だるまに対して、ガツンと言ってやらなきゃいけないときもある。

「君さ、ここにいるから溶けちゃうんだよ。冷蔵庫の中に入ればよくないか？　うちの冷蔵庫大きいからさ、場所作るよ」

雪だるまは思い悩みます。現実を突きつけられて、チクチクしている。でも、準備がちゃんと整ったときには、現実は苦いとはいえ、良薬になる。僕はもう一度聞く。

「どうしたい？」

雪だるまは迷った末に答えます。

「オラのこと、子どもたちに見てもらって、楽しんでもらいてえんだ」

「マジかよ……本当にそれでいいんだな？」

「いいだよ、春風が吹くまで、子どもたちと一緒に居るさ」

泣けますね。

雪だるまのことを応援したくなる。ゴールデンウィークくらいまで氷を運んであげてもいいかもしれない。

セラピー的なかかわりって、こういう感じです。

「溶けちゃうんだよ、ここにいたら」

雪だるまの傷つきに触れて、それと向き合おうとしてみました。

すると、さっきまでは長生きのことしか考えられなくて、氷を運べ運べと要求していた強欲な雪だるまが少し変化します。

彼にとって一番重要なのは子どもたちに見てもらうことであるとハッキリし、そのために僕らに何ができるかを一緒に考えることができるようになりました。

セラピーとは傷つきと向き合うことである。そこにある傷つきに持ちこたえられると、自分なりの一歩を踏み出すことができる。

◎満たせないニーズを変更すること

何が起きているのでしょうか？

ケアがニーズを満たすことだとすると、セラピーではニーズを保留にすることで、変化を狙っています。

セラピーとはニーズを変更することである。

たとえば、あなたに小学一年生の子どもがいて、入学直後から学校にひとりで行くのをいやがっていたとしましょう。このとき、毎日送り迎えをしてあげるのがケアです。ニーズを満たしています。

それはそれでいい。最初は誰だって不安ですから送り迎えをしてもらえると、お子さんも心強いはずです。

だけど、これが一週間過ぎても、ゴールデンウィークを越えても、ひとりでは学校に行けないと言い続けているとなると、話は変わってきます。このままずっとケアし続けるわけにはいかない。

ですから、ある朝、話し合う。

「そろそろ周りのお友達もひとりで学校に行ってるんじゃない？」

子どもはうなずきます。

「ひとりで行き帰りできるようになったら、お友達と遊べる時間も増えると思うよ」

子どもは不安そうだけど、やはりうなずく。

「明日からひとりで行ってみようか？」

「……いいだよ」

最後はなぜか雪だるま口調になってしまったが、まあいいです。

こうやってこの子のニーズは変更されていきます。

親に送り迎えをしてほしいというニーズが、友達と一緒に道草をしたいというニーズに変わっていく。そのためにはちょっとつらいけど、ひとりで学校に行くというチャレンジをしないといけません。

セラピーとは自立を促すことである。

手を出すのを控え、本人に委《ゆだ》ね、見守ることですね。ケアが依存を引き受けるのとは好対照です。

ちなみに、見守るって大変なんですよね。おせっかいを続けるよりも、見守る方がよっぽどパワーがいるときも多い。

学校の送り迎えをずっと続けちゃったのも、結局のところ、見守るよりも、一緒に行ってあげちゃった方が親としても楽だったからです。

問題は子どもの側の不安よりも、親の側の不安だったのかもしれません。子どもを信頼しきれないから、ケアし続けちゃったということですね。

いずれにせよ、セラピーとは本人が自分と向き合って、自分の課題に取り組むことです。そうやって課題を乗り越えることができたら、前よりもちょっと自由になれる。

これを世間では、「成長」とか「成熟」というわけですね。

ケアとセラピーはグルグル回る

◎ケアとセラピーの関係

ケアとセラピー。人が人にかかわるときの二つのやり方。

いかがでしたでしょうか？

あなたが日々しているのはケアなのか、セラピーなのか。

整理をしてもらえたら幸いです。


さて、そのうえで、ケアとセラピーはどのような関係にあるのか。

原則は次の通りです。


ケアが先で、セラピーが後。


たとえば仮病への対応を思い浮かべてください。

僕は昔仮病の名人だったんです。しょっちゅう仮病を使って学校を休んでいた。あまりに休むので、妹は僕のことを病弱で、そのうち死ぬ人だと思っていたらしいです。

すると、ある日、うちの親が仮病に対してエビデンスの提出を求めてくるようになりました。体温が三七度を超えないと、病気として認定しないと申し渡されたんです。

ひどいよね？

でも、休みたいじゃないですか？

僕がどうしたかというと、体温計をこする技術を発達させました。あんまりこすりすぎると三九度になって、病院に連れていかれちゃうから、名刀を繊細に研ぐようにして、三七・三度ぐらいのぬる燗《かん》みたいな絶妙な温度で留め置くようになったわけです。

そうやって仮病の達人になっていったのですが、僕は思うんです。声を大にして言いたい。

仮病に対しては休ませるのがケア。

あのとき、うちの親はエビデンスの提出を求めずに休ませるべきだった。なぜなら、仮病を使うということは、休みたいというニーズをハッキリさせているからです。

◎ケアなしでのセラピーは暴力になる

仮病を使う時点で、こころの具合が悪いんですよ。

学校が楽しくて、健やかな気分で過ごしていたら、仮病なんか使わないじゃないですか。うつっぽくなっていて、元気が出ないから、仮病を使うわけです。

仮病はこころの風邪。

体は風邪を引いてなくても、こころが発熱している。でも、風邪なのだから、ちょっと休んだら治る。ですから、休ませたらいいんですよ。

それなのに、世間は仮病に厳しいですよね。いいから学校に行けと言う。これはセラピー対応です。世の中は基本的にケアよりも、セラピーを選びがちです。

でも、ケアが先で、セラピーが後。これが原則。

子どもが仮病を使ってきたら、その日は休ませる。ケアです。

次の日もまた仮病を使ってくる。しょうがない。もう一日休ませる。ケアだ。

そして、その次の日もまたぬる燗のような体温計を子どもが出してくる。このとき、はじめてセラピーです。

「学校行きたくないの？　なにかあった？」と聞いてみる。

すると、子どもは震える声で答える。

「オラ、友達に嫌なことされてるだ」

嗚呼《ああ》、また雪だるまになってしまった。

というのは冗談ですが、これね、初日から「学校行きたくないの？」って詰められていたら、打ち明けられないんですよ。苦しい気持ちは言葉になりにくい、本当に。

でも、この子の場合、二日間すでに休ませてもらって、ケアをされているから、言葉になる。心配されていることが伝わっている。親との間にちゃんとつながりがあることがわかっている。信頼がある。だから、勇気を出して傷つきを言葉にすることができる。

自分の傷つきと向き合うためには、周囲の人が自分を傷つけないという安心感が必要です。


ケアがないところでのセラピーは暴力になる。


ひたすら自分と向き合え、あなたが頑張れと言われると、死んじゃうよね。

セラピーは、ケアが十分に足りているときにのみ可能になります。

傷だらけのときに、傷つきと向き合えと言われたならば、身動き取れなくなります。

◎ケアとセラピーはグルグル回る

ケアがあり、それからセラピーがくる。すると、次はまたケアがきます。

「友達に嫌なことをされている」と子どもが打ち明けてくれたなら、今度は親が仕事をする番です。

親が学校に行って、先生と話し合いをして、子どもが学校に行っても傷つかないでいられる環境を整えるわけです。これはケアです。

そのうえで「先生と話してきたよ、あなたと話したいって先生は言ってくださってたよ。一緒に行ってみない？」と子どもに声をかける。

もう一度子ども本人が勇気を出すタイミングがやってきます。これはセラピーです。

ケアとセラピーがグルグル回ることによって、僕らのこころは少しずつ安定したり、回復したりしていく。こういうイメージですね。

成長とはケアとセラピーのほどよいリズムで可能になるものです。


この授業ではこころのケアについて教えていこうとしているのですが、ひたすらケアばかりしていればいいというものでもないんですね。ときどき、セラピー的なかかわりを混ぜ込む必要がある。

ただし、今の世の中は、依存を厭《いと》い、自立を尊ぶ傾向にあるので、どうしてもセラピー偏重で、ケアが忘れられがちです。ですので、こうやって、ケアこそが基盤なんだと強調しているわけです。

塩梅《あんばい》が大事。

今はケアのタイミングなのか、セラピーのタイミングなのかを逐一判断する。どの程度本人に問題に向き合ってもらって、どの程度肩代わりしてあげるのかを、ああでもないこうでもないと考える。

そうこうすることで、「この子はこういう性格なんだ」と理解が進んでいきます。熟知性が深まっていく。

ケアの試行錯誤によって、人は人を知っていく。

ケアとセラピーは水と油ではなく、ウィスキーの水割り、あるいはカルピスウォーターです。

ほどほどのちょうどいい割り方をするのが大事。濃すぎても、薄すぎても、美味《おい》しくなってしまいます。

今日のまとめ

◎晴れの日のこころのケア

ということで、こころのケアとはなんだろうか？　を考えてきました。

ヘルス・ケア・システム理論とケアとセラピー理論を取り上げて、二つの答えを示しました。

①こころのケアの主たる担い手は素人である。
②こころのケアとは傷つけないことである（そして、絶妙な塩梅で、傷つきと向き合うことを混ぜ込むことである）。

この二つが揃っているのが、こころのケアの基本形です。

素人同士で互いのことを傷つけずに一緒にいられること。

これが晴れの日であり、大体のところ、僕らの日常はそのようにして回っています。それを可能にしているのが、相手のことをよくわかっていることでした。何をしたら子どもが嫌がるか、どういうときに部下のやる気がそがれてしまうのか、傷つきやすいポイントや、必要としていることがなんとなくわかっている。

そういうときに、こころのケアは酸素のようにありふれたものになります。わざわざ「こころのケアをしよう」と思うまでもなく、日常そのものがこころのケアの充満した場所になる。

いかがでしょうか？
晴れの日のこころのケアの感じがつかめましたか？

今日も晴れの日だったという方もいらっしゃるでしょうし、かつての晴れの日を思い出した方もいらっしゃると思います。

この感じを覚えておいてください。

というのも、この本の最終目標は、晴れの日のこころのケアを回復することにあるからです。


もちろん、晴れの日が永遠に続くわけではない。人生には雨が降るときがある。

そういう雨の日に、僕らはこころのケアについて考えざるをえなくなるわけだし、次回からは雨の日の心理学についてお話ししていくことになります。

でもね、それはあくまで、素人同士のありふれたこころのケアを取り戻すために使われる臨時的なものです。

雨の日を生き延びて、再び晴れ間がやってくるのを待つために、雨の日の心理学は存在しています。

ですから、最初に晴れの日にはこころのケアがどうやって行われていたのかを押さえておく必要があったわけです。

晴れの日にはこころのケアはうまくいっている。話をきけばお互いのことがよくわかるし、お互いにうまくおせっかいを焼くことができる。

人と人とが支え合えている。

これが晴れの日でした。
これを念頭に置きながら、僕らはいよいよ雨の世界へと入っていくことになります。
では、質問タイムに入りましょう。
わからなかったことでも、相談したいことでもなんでもいいですよ。
どしどし質問してください。

質問タイム①

質問：娘の悩みをただ聞くことができず、あれこれ解決策を考えてしまいます。自分自身もその悩みに巻き込まれ、不安と心配で何も手につかなくなったり、挙句の果てに自分をそんな状態にする娘を疎ましく感じたりもして、自己嫌悪に陥ることもあります。

東畑：親子というのは大変なんですよ。子どもの話を聞くことほど難しいことはありません。他人じゃないからね、子どもが危険な目にあったり、みじめな思いをしたりすることを思うと、いてもたってもいられなくなるのが人情です。

ただね、難しいのは、その心配が本当に子どもの直面している危険なのか、親自身の過剰な不安の産物なのかという問題があることです。

たとえば、子どもの受験。こんなに頑張っているのに不合格だったら、子どものこころが壊れてしまうんじゃないかと親は心配しているのだけど、本当のところ、こころが壊れちゃうのは親の方だったりするわけです。

そういうとき、ケアは子どものためではなく、自分のためになされています。

ですので、誰かに相談した方がいいね。周りの人に相談できると、不安は少し和らぐと思うんです。そうすると、子どもの悩みに距離をとることができるんじゃないかな。

質問タイム②

質問：大人同士の普段の生活ではケアをする側・される側が緩やかに交代すると思うのですが、ケアされることばかり望む人はどうケアしていけばいいでしょうか。

東畑：これはよく聞かれるんですよ。「甘えた部下に何と言えばシャキッとしますか」みたいな相談をされる。でもね、お気の毒だけど、甘やかすしかないと思うんです。なぜその部下はケアされることばかり望むか？　ケアが足りないからです。

人間はケアが足りると、ケアがうっとうしくなるものです。自分の足で歩きたくなる。でもね、したくなければ、ケアをしない、見捨てるという選択肢はあるんです。最終的には他人ですから、あなたにはその権利がある。ここに最後の対等性があります。ただ、喝を入れることで、部下の気持ちが入れ替わるみたいな都合のいいことはほとんど起こりません。それこそ甘えた考えです。ビシッと言って効くのは、たくさんケアした後だけです。僕だったら逆恨みしますもん。大学院の頃、先輩にきつい喝を入れられたことがありますけど、ふつうにムカつきました（笑）。

ですから、憎まれてもいいから厳しいことを言うんだ、とまで覚悟を決めているなら、喝を入れたらいいと思いますが、ふつうは逆恨みします。そういうものです、人間は。諦《あきら》めるべきところは諦めましょう。

質問タイム③

質問：友人が度々休みの日に電話してきます。仲がいいので電話自体はうれしいのですが、仕事の愚痴や大変さの話で二時間を過ぎることもあり、聞いてあげたい気持ちと、もうお腹いっぱいという気持ちの狭間《はざま》で困ってしまうことがあります。

東畑：いやあ、二時間はつらいね。電話で二時間って、大変ですよ。熱烈な遠距離恋愛しているときくらいしか、二時間も電話できません。

そう思うと、この方は優しいです。友人を傷つけたくない気持ちが伝わってきます。優しいのは素晴らしいことです。でもね、それが負担になるときがあります。

負担を感じるというのは、重要なサインなんですよ。ケアが限界に来ていて、なんらかの問題が発生しているアラートが鳴っている。一度、立ち止まるべきときです。

それでね、いろんな策が考えられるのだが、一番シンプルな案としては最初に終わりの時間を言っちゃうのがいいかな。今日は二十時からミーティングが入っているって、嘘でもいいから言っちゃうんです。自分の限界を示すということです。

ケアには一度始めてしまうと、やめることで相手を傷つけちゃうという構造があります。そのせいで、やめるにやめられなくなっちゃって、気づけば疲弊しきってしまう。

ケアの仕事でつらいのがこれです。相手が困るからと思うと、ついつい長時間労働をしてしまったり、自分に任されている以上のことをしてしまったりするんですね。だけど、やっぱり無理なもんは無理なんです。末永く相手とかかわり続けるためには、できることしかしないのが一番です。

ケアにとってもっとも重要なのは、相手を孤独にしないことであり、つながり続けることなのですから、こちらが持続可能な程度の負担にしておく必要があります。そうじゃないと、よかれと思ってやっていたのに、最後に大破局がやってくる。

なので、「ここまでなんです、自分は」って勇気を出して示すのが大事。その形はなんでもいいと思うんですよ。負担感が強いときは電話に出ないって手もあります。次の日にLINEしたらいいんです。「ごめん、寝てたよー(´ω`)」ってね。

もしかしたら相手は傷つくかもしれません。でもね、あとから話をすればいいんです。「大丈夫だった?」って。

ケアとはやり直せるものである。人間がやることなのですから、傷つけてしまうことはあります。完璧《かんぺき》を狙ってはいけない。失敗したら、余裕ができたときに、リカバーすればいいんです。そうやって絆《きずな》は深まっていくんですよ。

ということで、勇気を出して、無理は控えましょう。

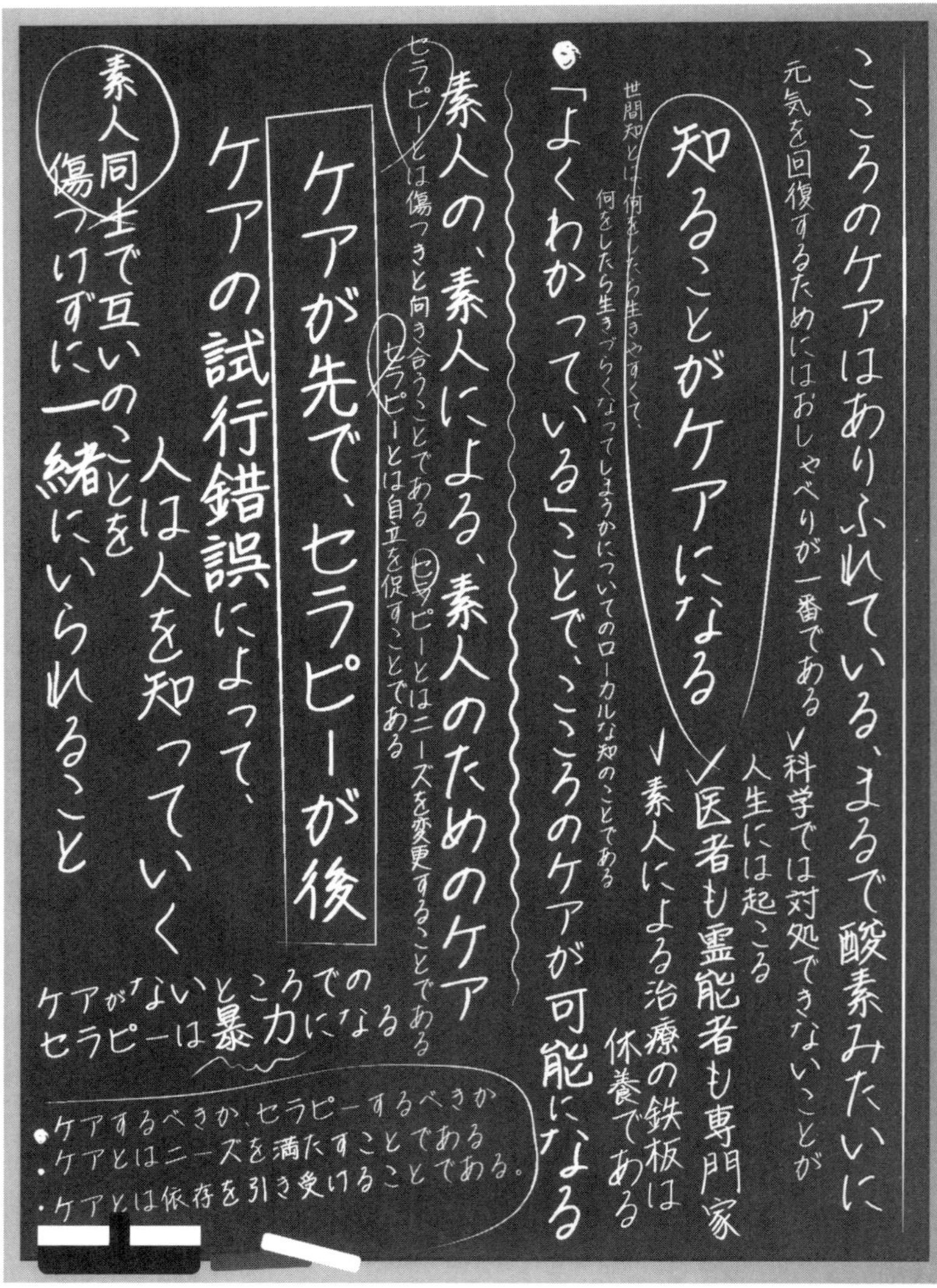
こころのケアはありふれている、まるで酸素みたいに
元気を回復するためにはおしゃべりが一番である
✓科学では対処できないことが
人生には起こる
✓医者も霊能者も専門家
✓素人による治療の鉄板は
休養である
知ることがケアになる
世間知とは何をしたら生きやすくて、
何をしたら生きづらくなってしまうかについてのローカルな知のことである
「よくわかっている」ことで、こころのケアが可能になる
素人の、素人による、素人のためのケア
セラピーとは傷つきと向き合うことである
セラピーとはニーズを変更することである
セラピーとは自立を促すことである
ケアが先で、セラピーが後
ケアの試行錯誤によって、
人は人を知っていく
素人同士で互いのことを
傷つけずに一緒にいられること
ケアがないところでの
セラピーは暴力になる
・ケアするべきか、セラピーするべきか
・ケアとはニーズを満たすことである
・ケアとは依存を引き受けることである。

2日目

こころをわかるとはどういうことだろうか

——既読スルーを思いやる——

> 理解とは、現実に——それがどのようなものであれ——予断をくだすことなく注意深く向き合い、それに負けないことなのだ。
>
> ハンナ・アーレント『全体主義の起源』

こんにちは。

今日で二回目、授業のペースには慣れましたか？

ときどき授業のある生活というのは案外悪くないと、僕は思うんです。

学生時代は授業が毎日だったから面倒くさかったけど、月に一回とか、二か月に一回とか、それくらいのペースで授業があると、新鮮な気持ちになれる。

僕もときどき、セミナーや研修を受けにいきます。楽しいですよ。普段は「専門家です」「大人です」という顔つきで生きているけど、授業を受けているときだけは「生徒です」という帽子をかぶることができます。

これが健康にいい。

「先生、よくわからなかったんで、もうちょっと教えてください」と無責任に言えるのって最高ですよね。

生徒であるとは、自由であることです。無知を恐れなくてよくなる。

さて、今日がこの授業全体の肝になります。

いよいよ、雨の日の心理学に入っていくからです。

ファンタジー映画なら、日常の生活シーンが終わって、異世界に突入していく局面ですね。「千と千尋の神隠し」でいうと千尋が湯屋の生活に入っていくところだし、「アナと雪の女王」でいうとエルサが雪山にひきこもるところです。

僕らも晴れの世界から雨の世界へと突入していくことにいたしましょう。


そのために、今日僕らが考えたいのは「わかる」です。

というのも、雨の日とは「わからなくなる」日であり、雨の日の心理学とはわからなくなったこころを「わかる」ためのものであるからです。

このあたりを力強く言葉にしているのが、ハンナ・アーレントという哲学者です。

彼女はユダヤ人で、若い頃にナチスによる不条理な迫害に遭い、アメリカへ亡命した人です。日常を根こそぎ奪われるような暴風雨が人生に直撃したということです。

そういう人がナチスについて真剣に考えたのがこの『全体主義の起源』という本で、そこに前頁の黒板にあるような言葉が書かれている。

理解とは負けないことである。

深いね。

「わかる」ってなんとなく無力なイメージがある言葉ですが、実際には「わかる」にこそ過酷な現実に打ちのめされないための深い力があるということです。

「わかる」こそがこころのケアの本質である。

これがどういうことかを説明するために、次の三つの問いを順番に考えていこうと思います。

①こころをわかるとはどういうことだろうか？
②雨の日の心理学とは何か？
③具体的にどうしたらこころがわかるのか？

「わかる」の本質から、具体的にこころを「わかる」ための読解法までお話ししていきます。じゃあ、はじめましょうか。

◎わかるの構造

こころを「わかる」。

そう言われると、たとえばメンタリストや魔法使いのように、こころの中に思い浮かべている言葉を読み取ることだと思われるかもしれません。

そうではないんです。あれは言ってしまえば手品で、飲み会だと盛り上がるかもしれないのだけど、こころのケアには役立ちません。

こころを「わかる」とはもっと一般的なことです。心理士はこころをわかるプロですが、そこでなされているのは、あなたが晴れの日にふつうにやっていることの延長線上にあります。

これを理解するために、「わかる」には二つのステップがあることを押さえておきましょう。

①こころを受け取ること
②受け取ったこころを解釈すること

これが「わかる」の構造です。

どういうことでしょうか？

◎絵でこころがわかる

例として、僕らプロがやる心理テストについての種明かしをしてみましょう。

世の中にはいろいろな心理テストがあって、ネット上にもいっぱい転がっています。「はい／いいえ」でひたすら答えていくと、最後に「あなたは○○型です」みたいなカテゴリーが出るのがポピュラーでしょうか。

ああいうのは血液型占いみたいなもので、会話を盛り上げるためには役立つけど、プロが仕事で使うものでは基本ありません（そういうのもなくはないのですが）。

むしろ、僕が仕事で役に立つと思っている心理テストはもっと素朴なものです。

たとえば、絵を描いてもらうテスト。

これは紙と鉛筆さえあればできるし（色鉛筆十二色セットもあれば最高）、時間もかからないので便利です。なによりも話をするだけではわからなかったこころが「わかる」のが素晴らしい。


絵でこころがわかる？　結構わかるんですよ。

というと、また魔法使いみたいに聞こえるかもしれないですけど、種明かしをきけば、皆さんも普段の生活でしていることだと思います。

別に特別な絵を描いてもらうわけでもないし、特殊な解釈方法があるわけでもないんです。人間とか、家とか、木とか、あるいは何でも好きなものでいいんです。描いてもらった絵を見せてもらう。

たとえば、ボロボロのおうちが描かれます。崩れかけている家ですから、誰が見ても、「わっ、ボロボロだ」と思う。

そのとき、僕らプロは「こころがボロボロなのかもしれない」と理解する。

バカみたいな話をしていると思うかもしれません。でもね、想像してみてください。

話をしていると立派なことをたくさん言っていて、強そうに見えるビジネスマンがボロボロの家を描いたら、やっぱり「わっ！」って思うじゃないですか？　そのとき、僕らは彼の隠れたこころに触れているわけです。

あるいは、非常に重篤な病の方が、ボロボロの家を描く。でも、よくよく見てみると、柱はしっかりしていて、どこか安定感を感じる。すると、僕らは「わっ、案外しっかりしてるところがある人なのかも」と思う。

この「わっ」が大事なんですね。

ほら、授業参観で子どもの教室にいくと、うしろにいっぱい絵が飾ってありますよね。そういう中で「わっ」と思う絵がときどきあって、「この子大丈夫かな？」と思うことってありませんか？

「わっ」によって、僕らは相手のこころを受け取っているわけです。

◎こころを受け取るのはこころ

絵じゃなくてもいいんです。

しゃべっているときの口調もそうだし、言葉の選び方もそうです。あるいはその日のファッションもそうだし、立ちふるまいもそう。

ようは印象です。

人と会っているときに、僕らはなんらかの印象を受けるじゃないですか？　「この人ピリピリしてるな」とか「なんか柔らかくなったな」とか。そのとき、僕らは相手のピリピリしたこころや柔らかくなったこころを生で受け取っています。

心理士だって、究極的には同じことをしています。

たとえばカウンセリングをしていて、クライエントの話がバラバラで意味がとりにくい。このとき、バラバラの話をつなぎ合わせて、何を言おうとしているのかを考えることもするのですが、それ以前にまず思うんです。

「わっ、こころがバラバラなんだ。何かあったんだろうか？」


こころは産地直送で送られてきます。直に、生で、こころはこころにインパクトを与える。あなたの日常のコミュニケーションにも、たくさんの「わっ」があるんじゃないでしょうか？

誰かと会って、一緒に居るときに「わっ」と思うし、あるいはＬＩＮＥでも「わっ」と思うメッセージを受信したことがあるはずです。

そのとき、あなたはこころを受け取っています。

こころはこころによって感じ取られるということです。


ね？　種明かししてしまえば、ふつうのことでしょう？

これがステップ①。

こころは自然にこころを受け取ってしまう。

◎印象を料理する

しかし、まだこれだけでは、こころを「わかる」とはなりません。

印象だけではこころはまだわからなくて、これを解釈する必要がある。

スーパーで食材を買ってきただけでは、まだ食べられないのと似ています。料理をしないといけない。

このときの調理法が問題です。素人の調理法と専門家の調理法がある。晴れの日と雨の日では調理法が変わってくる。

心理学とはまさにこの調理法のことなわけです。

どういうことでしょうか？

まず晴れの日の「わかる」を見てみましょう。


たとえば、いつも絵文字とかスタンプをいっぱい使ってＬＩＮＥを送ってくる恋人が、今日は「。」を多用した文章を送ってくる。

いつもと雰囲気が違う。「わっ」と思います。

そのとき、「怒っているのかな」と思ったり、「これは真剣な話なのだろう」と思ったりしたなら、あなたはちゃんと印象を料理しています。

「わっ」からこころを解釈している。

ここで解釈を行っているのが晴れの日の心理学です。

たとえば、熟知性が使われています。あなたは恋人の性格をよく知っているし、最近の相手の状況がよくわかっているから、「怒っている」とわかるわけです。

逆に言えば、よく知らない人からのＬＩＮＥだと、「わっ」の意味がとれなくて、困惑しますよね。そういうときに、「なんかやばいことが起きてる？」と僕らは不安になります。

あるいは、世間知も使われています。絵文字を使っているときには人は友好的で、「。」を使っているときには緊張感があるという一般的な人間理解から、「真剣な話」だとわかる。

ここでなされているのは、ものすごくざっくばらんに言うと、「ふつうだったら」という解釈です。

ですから、熟知性と世間知をまとめてしまって、別の言葉に言い換えてしまいましょう。

晴れの日のこころは「正常心理学」によって解釈されている。

なんだそれは？

◎正常心理学

昔話をしましょう。

僕がまだ大学生だった頃、飲み会で心理学を勉強していると言うと、他の学部の友達から「こころ読めるの?」とよく聞かれました。

こういうときにね、「いや心理学ってそういう風にこころを読むとかじゃなくて、もっと科学的にこころについて実験したりとか調査したりして……」みたいな専門的なことを言い返すと、場をしらけさせるというか、「さむっ!」て言われちゃう(関西の大学だったので)。

「こころ読めるの?」って聞かれたら、「読めるよ、当たり前じゃん」が正解です。

すると、相手は「じゃあ俺が今考えてること読んでみてよ」みたいな感じでニヤニヤしながら言ってくる。

そこで「今俺がこころ読めないと思って、若干馬鹿にしてるよね」って言ってあげると、「ほんまやん! 心理学やばいわ!」となって、飲み会が盛り上がってくるわけ。


でも、ここでこころを読んでいるのは心理学ではなく、世間知です。

こんなものはわざわざ大学で勉強するもんじゃないし、大学では教えてくれません。心理学の教授が必ずしも飲み会で盛り上がるわけではないことからも証明済みです(笑)。

むしろ、こういうことについては、政治家とかサラリーマンの方がずっと習熟しています。徳の高い上司っているじゃないですか?

みんなのこころ模様を精密に把握して、関係者全員が納得できるような落としどころを探る。高度なこころの理解だと言わざるをえません。

このとき、徳の高い上司が使いこなしているのが「正常心理学」ですね。

正常心理学とはふつうの人のこころが、ふつうのときには大体どういう風に動くかについての知です。

ガイダンスで例に出した、「頑張ったね」と言われると元気が出るとか、話を最後まできいてもらえると安心するとか、がそうです。

あるいは、あいさつをしないと敵対的に思われるとか、細かく目標設定をしておくと達成しやすいとか、そういうのも正常心理学。

ようは、常識的なこころの動き方ですね。

すべての素人が正常心理学を知っています。子どもは子どもで周りの友達のこころがどう動くかをなんとなくわかっているし、それは社会生活を重ねて、人生経験を積む中で、より高度で深いものになっていきます。

僕らはいつだって、この正常心理学を使って、「わっ」という印象を解釈して、周りの人のこころを理解しているということです。

ちなみに、いわゆる民間のカウンセリングスクールとか、コーチングとか、自己啓発で教えられているのも、正常心理学です。

その手の本には、どうやったら元気が出てくるかとか、どうすればモチベーションが上げられるかが書かれていて、読んでいると「なるほどなぁ」と思って、実際に元気が出てくる。だけどそれはまったく未知のことが書かれているからではなく、言われてみれば当たり前のことを思い出すからです。

◎日常では、大体理解できている

正常心理学というのは優秀で、普段の社会生活のほとんどはこれがあれば十分だし、自分のこころの扱い方についても大体は正常心理学でうまくいきます。

日常ではこころはきちんとお互いに伝わっています。言葉や態度で、何が嫌で、何をしてほしいかが大体伝わってくる。正常心理学は正しく相手のこころを解釈して、コミュニケーションを成立させてくれます。

「つらそうだな」と見てればわかるし、「元気出てきたな」とふつうに感じる。山手線《やまのて》に乗れば、ちゃんと新宿《しんじゅく》につくように、晴れの日のこころはきちんと相手のところまで到着することができる。

晴れの日には正常心理学で十分にうまくいく。心理士なんかいなくても全然大丈夫。あなたも普段は周りの人のこころをわかりながら暮らせているはずです。

ただし、正常心理学にも弱点があります。

ここまで多用してきた「正常」とか「ふつう」という言葉がときとして人を傷つけるも

のであることを思い出してください。

正常心理学には理解できないこころがあり、そういうときに正常心理学は「あいつは変だ」と排斥してしまいやすい。

調子が悪くなったときです。

僕らのこころには「ふつう」じゃなくなってしまうときがある。いつも通りのこころの動き方ではなく、特殊な動き方をしてしまうときがある。

元気なときには正常心理学の読み通りにこころは動いてくれるのだけど、具合が悪くなるとそうはいかなくなる。

徳の高い上司が、相手を傷つけ、追い込んでしまうのはそういうときです。


ということで、これで一つ目の問いについては大体答えが出たと思います。

こころがわかるとはどういうことだろうか?

こころはこころを自然に受け取っているが、そのうえでそれを解釈する必要がある。

普段は晴れの日の心理学＝正常心理学によってその解釈はうまくいっているけど、相手の具合が悪くなると、それが難しくなってしまう。

相手のこころがわからなくなってしまう。

これが雨の日です。

ここで次の問い「雨の日の心理学とは何か?」に移ることにしましょう。

雨の日の心理学とは何か

さあ、雨の日の心理学の話をしましょう。

人生は晴れの日ばかりではありません。ある朝起きると、雨が降っていることがある。

たとえば、次のようなとき。


週の始まり、月曜日の午前七時、いつもと違って、子どもが起きてこない。

子ども部屋を覗《のぞ》いて、声をかけるのだけど、反応がない。

「そろそろ起きなさい、朝ご飯食べよう」

子どもは布団をかぶって、動かない。

「起きないと、遅刻しちゃうよ」

やはり返事がない。おかしい、と思う。

「どうしたの？　体調悪いの？」

子どもが無視を決め込んでいるように見える。だから、ついイラッとしてしまう。

「いい加減にして！　私も仕事に行かなきゃいけないんだから！」

すると、子どもがようやく声を出す。

「うるさい！　キモイ！」

何かが起きています。だけど、何が起きているのかはわからない。

いつも通りのあなたのケアが、子どものこころを傷つけている。

昨晩まではよくわかっていたはずの子どもが、今朝には「わからない」人になっています。

これが雨の日のはじまりです。

どうなっていくのでしょうか、雨の日の経過をしばし追ってみましょう。

◎雨の日に起きること

雨の日にまずは民間セクターでケアが試みられることについては前回お話ししました。起きてこない子どもに対して、あなたは「きっと疲れているのだろう」と素人診断を下します。そこで学校を一日休ませて、様子を見ることにします。

子どものこころに降っているのが、ただの通り雨ならば、これでうまくいくかもしれません。次の日には何事もなかったかのように、子どもは学校に行きます。天気は回復して、いつも通りの日常に戻ります。

だけど、長雨になるときがある。子どもは一日休んでも、まともに口をきいてくれません。次の日も、またその次の日も学校に行かない。朝起こそうとすると怒り出し、一緒に食事をとることも拒みます。家庭の雰囲気はどんどん悪くなっていく。

夜、夫婦で話し合いがなされます。新たな素人診断が下されます。

「夜遅くまでスマホを使っているからじゃないか」

スマホの使用禁止が決まります。


これが暴風雨を引き起こす。

あなたがスマホを没収しようとすると、子どもは激怒します。スマホをつかんで離さず、「お前らは頭がおかしい！」と言って暴れます。

あなたは苛立《いらだ》ち、暴力的にスマホを奪い取る。子どもは傷つき、部屋にこもって出てこなくなる。

民間セクターでのケアは失敗に終わります。

何をしても子どもを傷つけてしまい、子どものことがどんどんわからなくなる。夫婦ともども疲れ果て、絶望的な気持ちになる。

◎専門家の出番

こういうときに、専門家の出番がやってきます。自分たちではどうにもならないと腹を括《くく》ったあなたは、専門職セクターや民俗セクターの治療者のもとを訪れる。

たとえば、精神科クリニックに嫌がる子どもを連れていく。すると、精神科医は子どもを「うつ」だと診断して、弱い薬を出し、子どもが安心できる環境を作るために学校と連絡を取るなどいくつかのアドバイスをしてくれます。

あるいは、その後、あなただけで占い師のところに行くかもしれない。そこでは、「今は星のめぐりが悪い」と言われて、星の影響力を変えるために、聖水を枕にふりまくように指示されるかもしれません。

医学と占星術という専門知がケアのための知恵を出してくれます。


家に帰ってから、夫婦で再び作戦会議をします。パートナーは占い師のことを訝《いぶか》しく思っているようで、かなり揉《も》めますが、とりあえず両方の提案をやってみようという話になる。あなたは担任の先生と連絡を取り、学校を休んでいる間の対応を打ち合わせます。家での過ごし方も、極力子どもにストレスがかからないようにと配慮がされる。スマホの使用法についてはパートナーが話し合ってくれます。ただやっぱり揉めてしまうので、無理強いはしないようにします。子どもは一応薬を飲んでくれていて、あなたはあなたで子どものいない隙を縫って、聖水を枕にふりかけている。

試行錯誤があります。雨が強まる日もあれば、弱まる日もあります。薬にしても、聖水にしても、環境整備にしても、効いているかいないかはすぐにはわかりません。


ケアの効果は遅いし、目に見えにくい。

でも、子どもが前よりも家にいるときにリラックスしているのは事実だし、あなたも最初に比べたら慌てることなく子どもに対応できる（占い師とときどきしゃべるのが息抜きになっているみたいです）。

すると、家族で楽しく外食をできる日も出てきます。そういうとき、話をしていると、「この子は思春期になったのかもしれないな」と思います。前よりも大人扱いした方がいいのかもしれない、とこころの中で思う。

雨はしばしやみ、一瞬の晴れ間が覗いています。このまま順調に天気が回復していくといいのですが、さてどうなることやら。

◎雨の日とは何か

どうでしょう、ご理解いただけたでしょうか？

晴れの日とは相手が元気で、こころのケアがうまくいっているときのことでした。

このとき、正常心理学は順調に機能しています。

雨の日とは相手の具合が悪くなって、こころのケアがうまくいかなくなったときのことです。

正常心理学では相手のこころが理解できなくなっている。

そして、ケアとは傷つけないことでしたから、さらに言い換えると次のようになります。

晴れの日とは、どうしたら相手を傷つけないのか、よくわかっている日。

雨の日とは、どうしたら相手を傷つけないのか、わからなくなってしまった日。


晴れの日には「わかる」けど、雨の日には「わからない」。

ですから、必要なのは、雨の日のわからなくなったこころを「わかる」ことです。

雨に降られている人に傘を差し出すように、日々無理解にさらされて、傷ついている人に理解を差し出す。

そのために、専門家の助けが役に立つときがあるんですね。専門職セクターや民俗セクターを訪れて、そこでもらった知恵を使って、相手を理解し直します。

このとき専門家が使っているのが、異常心理学です。

◎異常心理学

これがこの授業の肝となる認識ですので、繰り返します。

正常心理学には有害になるときがある。

「褒めて、伸ばす」は相手が元気なときならば有効ですが、具合が悪いときには褒められても困ります。

どうせお世辞を言ってるんだろ、と邪推してしまうかもしれないし、そもそも伸ばそうとされること自体をしんどく感じるかもしれません。調子が悪いときに必要なのは、休息であって、激励じゃないわけですよ。

具合が悪いときのこころを理解する必要があります。いつもと違う動き方をするこころについて知っておかねばなりません。

そういう知見を積み重ねてきたのが臨床心理学や精神医学という学問です。日々、具合の悪い人の治療や支援をする中で、そういうときにどのようにこころが働くのかを研究してきました。

これらの知見を「異常心理学」と言います（精神医学の人たちは「精神病理学」と呼びます）。

たとえば、「精神分析」とか「認知行動療法」とか「家族療法」とか、そういうこころの治療の仕方について書いてある本を書店で見かけたことがあるかもしれません。それらに書かれているのは基本的に異常心理学です。

不安なときや、トラウマになるようなことが起こったとき、あるいは家族が揉めているときに、こころはどのように動いているのかを解明し、それを体系化したのがいわゆる「〇〇療法」です。

あるいは、もっとわかりやすいのは「統合失調症」とか「うつ」とか、「発達障害」とか、そういうこころの病気についての本です。

たとえば、「貧困妄想」といって、うつのときには本当は貯金があっても、自分は貧乏なんだと固く思い込んでしまうことがある。そういう一風変わったこころの動きがどのようなものかが説明されている。

正常心理学では理解できないこころの動きを、異常心理学は解き明かしてくれます。

実は、この手の本には、治し方が案外書いていないのがミソです。

具合の悪いときのこころがどう動くか、病気のときに世界はどのように体験されるかは詳しく書いてあるのだけど、「じゃあ何をしたらいいのか？」となると、記述は薄くなります。

初心者のときには僕もそれが不満で、「どうしろっていうねん」と思っていたのですが、臨床経験を重ねる中でその意味がわかってきました。

というのも、対処法自体はケース・バイ・ケースであるからです。一律にいい介入法があるわけじゃない。

ここが自己啓発本との違いです。正常心理学の場合は、「だいたいみんなはこうでしょ」という前提があるので、「頑張ったねと言ってあげよう」みたいな普遍的な対処法が言える。

でも、具合が悪くなるときって、経緯や事情がそれぞれなので、一般的な対応をすると暴力的になるんです。

幸福の形は大体同じだけど、不幸にはさまざまな姿があるとトルストイが言ったのに似ています。あるいは天国のイメージに比べて地獄のイメージの方がずっと多彩であるのと似ている（キリスト教でも仏教でもそうみたい）。

雨の日には個別的な対応が必要になる。

ですから、「どのように対処するか」ではなく、「どう理解するか」が大事なんです。「わかる」さえあれば、おのずとどう接したらケアになるかが出てくるわけです。何をすると傷ついてしまい、何をしない方がいいのかが「わかる」。

これが大事なんです。

◎オセロのように両方ある

ちなみに、このように説明すると、異常心理学のことを「じゃあ病気の人についての心理学なのね」と、他人事《ひとごと》のように思われる人もいるかもしれません。

でも、そうじゃない。

ここがこころの面白いところです。

正常と異常はすべての人において同居している。オセロの盤面みたいに、僕らのこころにはその両方がそのときどきのバランスで併存しています。

たとえばね、こうやって授業を受けているときには、皆さんの中の正常心理学的な部分が作動していると思います。僕の言葉をふつうに受け取って、勉強しています。

でも、その一方でこころの別の部分は昨日上司から言われた嫌味な一言を思い出してはらわたが煮えくり返っているかもしれません。あなたのこころには傷ついている部分があって、そちらはいつもと違ったように動いている。

盤上の局面は一瞬一瞬変化しているはずです。冷静モードと怒りモードの割合は変わっていく。でも、両方ある。

逆に言えば、病気で苦しんでいるときにだって、正常心理学的に動いている部分も必ずあるものです。

僕らは大なり小なり病んでいるし、大なり小なり健康です。

そういう意味で、異常心理学というのは、一部の人の話ではなく、みんなの話でもあるわけです。

◎雨の日の心理学とは何か

ただし、異常心理学そのものは専門家向けに開発されてきたものです。

これを素人向けにカスタマイズしたのが雨の日の心理学です。

晴れの日の心理学ではうまくケアができなかったときに、異常心理学の知見をヒントにしながら、素人が日々のケアをするために使われるのが雨の日の心理学。

ガイダンスでもお話ししましたが、僕が日々やっている仕事がこれですね。

異常心理学に基づいて問題を理解しながら、素人が毎日のケアをできるように雨の日の心理学を助言しています。

「わかる」のモードを変える必要がある。

晴れの日の心理学から雨の日の心理学へ。調理法を変えることで、「わかる」は回復して、ケアが再開される。


こう考えていくと、雨の日の本質は「わかってもらえないこと」にあると言えるかもしれませんね。

具合が悪いからわかってもらえないというだけではなく、周囲にわかってもらえないから具合が悪くなってしまう。

雨の日に降っているのは「わからない」である。

そうですよね、僕らはわかってもらえないときに周りから傷つけられ、孤独になります。

ですから、「わかる」こそが傘になるというわけだ。


わかってもらえているとき、僕らは一人じゃなくなる。

これが本質ですね。

傘は雨を防ぐだけではなく、同時に孤独をも防ぎます。二人で傘に入っていると、多少は濡《ぬ》れるかもしれないけれど、みじめな濡れ方ではなくなります。

「わかる」とは、こころがこころを「わかる」ことであり、そのときこころとこころは部分的であるにせよ重なっています。

「わかる」とはつながっていることそのものです。

雨の日にも、わかってくれていた誰かがいたことの価値は限りなく大きい。

いずれにせよ、これで準備は整いました。

それでは、雨の日の心理学の中身に入っていこうと思います。

子どもの調子がおかしくなる。部下の様子が変だ。友人がつらそうにしている。

そういうときに、どうやって彼らのこころをわかればいいのか？

そのための具体的な読解法を次にお話ししてみようと思います。

ひとまずこのあたりで一息つきましょう。

お茶でも淹《い》れて、ストレッチして、深呼吸してください。

後半の実践篇に備えてくださいませ。

補助線を引いてみよう　その1、意識と無意識

◎補助線を引く

いよいよ雨の日の心理学のレッスンをはじめようと思います。

身の回りの人のこころや、あなた自身のこころをわかってみましょう。

では、具体的に何をするのか？

補助線を引いていきます。


「わかる」ために役に立つのが補助線です。

たとえば、グチャグチャしていてよくわからない図形に、補助線を一本引く。すると、それが実は三角形と楕円《だえん》からできていたことがわかる。

同じようにグチャグチャしたこころに、一本の線を引く。すると、実はこころの中で愛情と嫉妬《しっと》が戦っていたのが見えてきます。恋人のことを好きだけど、ムカつく。それがグチャグチャしたこころですよね。

世の中にはさまざまな心理学の理論がありますが、結局はそれぞれの角度でこころに補助線を引いて、こころを「わかる」ようにするものだと言っていい。

ですから、今日は雨の日のこころを「わかる」ために特に役立つ、と僕が思っている補

助線を三つご紹介しようと思います。

◎精神分析とは「わかる」治療法である

今からお話しするのは「精神分析」という学派の補助線です。

精神分析というのは倫理の教科書にも出てくるこころの治療法のひとつです。

この本では基本的に精神分析の理論をかみ砕いて（つまり、専門知を雨の日の心理学へと変換して）、説明していくことになります。

このとき、星の数ほどある臨床心理学の中で特に精神分析を選んだのには理由があります。

ひとつはもちろん、僕が毎日の仕事でそれを使っていることです。毎日補助線を引いて、慣れ親しんでいるので、わかりやすく話せるはず。

だけど、より本質的な理由は、精神分析が「わかる」を追求している治療法であることにあります。

名前からして「分析」ですからね。

自分をわかるようになることが、精神分析の治療目標なんです。そのためにたくさんの補助線を開発し、そして自分をわかることでどれだけ生きやすくなるかを精神分析は示し続けてきました。

ですから、「わかる」をケアの根源に見る僕としては、精神分析の理論が役に立つと思うわけです。

とはいえ、論より証拠です。実際の補助線を三つ皆さんにお示しして、役に立つか立たないかで判断してもらうのがいい。

一つ目は「意識と無意識」。これは皆さんも聞いたことがあるかもしれませんね。

二つ目が「エロスとタナトス」。なんかおどろおどろしい名前ですが、柔らかい日本語に意訳すると「つながろうとするこころと断ち切ろうとするこころ」になる。あとで説明しますね。

最後は「PSポジションとDポジション」。ここまでくると意味わかんないと思います(笑)。柔らかくすると「白黒のこころと灰色のこころ」かな。

最初に予告をしておくと、最初の二つはこころを「わかる」ための準備運動みたいな感じで、最後の補助線が雨の日の心理学の本丸になります。

自分のこころに当てはめながら、おききいただければ幸いです。

◎意識と無意識

一つ目の補助線は意識と無意識です。これは皆様、普段から使っている言葉なんじゃないかな。

無意識を発見したと一般に言われているのがフロイトです。精神分析の創始者で、超有名人です。

僕らの日常のボキャブラリーとか考え方にも、フロイトの影響がたくさん入っています。その中でも最大のものが「無意識」です。

最初にフロイトが考えていた無意識についてお話ししておきます。

意識というのは、皆さんの頭の中に浮かんでいるものを言います。今だったら、僕の話を聞いていて、その言葉が頭に響いているはずです。これが意識。

でもね、僕の話を聞きながら同時に、こころのどっかで「明日《あした》も仕事あるのかあ、いやだな」とか「夕飯は何にしようかな」って考えているかもしれません。こういうのを世間では「無意識で考えていること」と言ったりしますが、実はこれは間違いです。

こころの中にふわふわしていてよく見えないのだけど、ちゃんと考えてみれば気づけるこころは「前意識」と言います。

無意識というのはもっとラディカルなんです。つまり、まったく自分でも思ってもいなかったことを考えている自分ですね。あるいは、自分の中にはあってはいけないと禁止していた自分です。

たとえば、極端な例だけど、あなたにお子さんがいたとして、そしてものすごく愛していたとして、それでも「この子が死んでくれないかな」って思っている自分もいる。こういう自分が無意識になるんですね。社会的にも許されないと思うし、自分でもそういう自分のことが許せない。だから、考えないようにこころの暗闇に押しやる。よって、無意識と出会うと、僕らはびっくりするんです。自分で自分に驚く。これが真っ暗闇の中にあるこころです。

よくね、「本当の自分に出会おう」みたいな本がありますけど、あれは大抵前意識の話ですね。薄々「本当はこんな仕事したくなかった」と思っている自分がいるのには気づいている。それに目を向けるのはそれほど難しくない。

無意識というのはもっとおばけのような感じです。電信柱の陰から、ヌ〜っと現れてくる。

◎こころの中には二人の自分がいる

以上が「意識と無意識」のフロイトによる古典的な定義なのですが、現代的にはもう少し日常感覚に近い意味で使うことができると思います。

つまり、僕らの中には二つのこころがあるという発想です。

意識と無意識。こころを二つに分けてみる。一方にはあなたが意識しているあなたの気持ちがある。もう一方には、意識されにくい気持ちがある。「私」と「非私」。この両方がこころの中にあって、それらがせめぎ合って、生活が営まれている。そんな風に補助線を引いてみる。

するとたとえば、学校に行かない子どもの中に、学校に行けないこころと学校に行きたいこころの両方があるのが見えてきます。

あるいは、浮気を繰り返す人の中に、寂しくて浮気相手を求める気持ちと、そういう自分に対して自己嫌悪に陥っている気持ちの両方があるのが見える。

こうやって、こころがひとつではなく、複数あって、それが綱引きをしているのが見えると、理解が変わります。

こころは劇場みたいです。こころという場所では複数の登場人物がドラマを演じています。そこで進行している物語を知ったときに、僕らはこころを前よりも少し「わかる」ようになる。

◎「死にたい」LINEの二つのこころ

問題は登場人物のどちらかしか見えなくなりやすいことです。

たとえば友達から「死にたい」「もう私死ぬから」ってLINEのメッセージが来たとします。このとき、まずは死にたいこころが見えますよね。その人の意識は死のうと思っている。

だから、僕らは「本当に死んじゃうかもしれない」って思って、不安になったり、パニックになる。焦ります。

でもね、LINEを送るということは、その人の中には死にたくない気持ちもあるはずなんです。本当に死にたい気持ちしかなかったら、メッセージを送ろうとは思わない。「生きることへの絶望感をわかってくれるかもしれない」という希望がそこには潜伏している。これが無意識になっている。

「死にたい死にたいっていうやつはどうせ死なないんだよ」みたいなマッチョな話ではありません。あれは完全に間違ってて、「死にたい」と言っているときには、当たり前ですけど、死にたいんですよ。でもその裏に死にたくない気持ち「も」ある。両方ある。


重要なことは、傷ついているこころは無意識になりやすいということです。

このとき、一見、「死にたい」気持ちの方が傷ついているように思われるかもしれません。それが苦しい考えであるのは事実です。でも、本当は「死にたくない」という気持ちの方が傷ついている。

だって、そうでしょう？　これまでに「生きよう」と思い、「この苦しさをわかってほしい」と願ってきたわけです。そこには希望があったのだけど、裏切られ、叩《たた》き潰《つぶ》されてきた。希望は深く傷ついて、その結果として絶望している。

このとき、傷ついているのは希望で、無傷なのは絶望です。

だからこそ、死にたくなる。


傷ついたこころは見えにくいところに置かれる。

指を切ったら、絆創膏《ばんそうこう》を貼って、外気に触れないようにするのと同じです。見えないところに置くことで、とりあえず痛みを感じないで済む。

だから、「お前ほんとは死にたくない気持ちがあるんだろ」って言ってもしょうがない。

そういう物言いは暴力になります。無意識は言い当てればいいってもんじゃない。当てっこ遊びじゃないんです、ケアは。

「わかる」とは両方を押さえておくことですね。

死にたい気持ちも死にたくない気持ちも両方あることを押さえておく。そのうえで、死にたい気持ちの方に「そうだよね」って応《こた》える。

そして、「本当は死にたくない気持ちもあるんだよな」ってこころの中では思っておく。

そうやって、辛抱強くお付き合いするのがケアです。


どうでしょうか？

あなたの中にも二つのこころが見つかりましたか？

意識と無意識、自分が思っている自分と自分では思っていない自分。あるいは言葉になっている自分と、なっていない自分。

雨の日にわからなくなったこころは、このもうひとつのこころ（＝無意識）の存在に気づくと、「わかる」ものになる。

そこに人間らしく葛藤《かっとう》している相手がいることに気がつくからです。

これが一本目の補助線です。

補助線その2　エロスとタナトス

◎エロスとタナトス

さて、二本目の補助線にいきましょう。

こころを二つに分けたなら、次にはそれぞれのこころがどのような関係を作ろうとしているかを見ていきましょう。

というのもケアをしているときに一番苦労するのは、相手との関係が悪くなるときだからです。この関係性に補助線を引きたい。

そう、「エロスとタナトス」は関係性についての補助線です。

これはフロイトが晩年に打ち出した概念で、エロスもタナトスもギリシャ神話に出てくる神様の名前です。

エロスは「エロ」という言葉の語源ですけど、性的なことだけではなく、より広く愛の神様ですね。これがローマ神話に転用されるときには「キューピッド」になります。マヨネーズで有名です。

これに対して、タナトスは死の神様です。愛の神様と違って、あまり愛されていないので、食品の名前とかにはなっていないみたいですね。ワサビとかタバスコとかの商品名にするのは悪くないような気もしますが。

フロイトはこころにはエロスとタナトスという二つの力が働いていると補助線を引きます。

エロス、これは愛の力であり、もっと一般的に言うならば、他者とつながろうとする力です。

これに対して、タナトスは破壊の力。つながりを断ち切り、壊して、他者からひきこもろうとする力がこころには存在する。

確かに僕らには両方ありますよね。友人と決別するのも人間であれば、和解するのも人間です。戦争をするのも人間であれば、遠い国の人を助けようとするのも人間です。

こころにはつながろうとするときと、断ち切ろうとするときがある。

今、あなたのこころにはどちらが強く働いているでしょうか?

◎ちゃんとわかってよ

エロスとタナトスの補助線が有効なのは、目の前の人の言葉やふるまいがつながりを求めているものなのか、つながりを壊そうとしてのことなのかを考えることがケアに役立つからです。

たとえば、「あなたには私のことは絶対にわからない!」と怒られたとしましょう。雨の日のケアでは、ときにそういうシビアな関係になってしまうことがあります。

これは一見、関係性を壊そうとするタナトスの働きに見えます。実際、強い言葉を投げつけられると、こちらのこころが折れてしまって、つながりが切れてしまうことはあるでしょう。

でも、よくよく耳を傾けてみると、この言葉の深いところには、「なんで私のことわかってくれないの?」という叫びも響いています。

さらに耳を澄ますと「ちゃんとわかってよ!」と言っている。

表面的にはつながりを断ち切ろうとしていても、深いところではつながりを求めているということです。これが聞こえると、あなたのこころは折れずに、頑張って付き合おうと思えるかもしれません。


逆のパターンもある。

「本当に先生のおかげで助かってるんです」とクライエントからお礼を言われることがあります。ここには、僕への感謝と今後のつながりを求める気持ちがあるように見えます。

でもね、そうは言っているんだけど、どこかひんやりしたムードが同時に流れていたりもするわけです。

これが「印象」でした。こころは言葉になっていないものも産地直送で受け取ってしまう。

すると、「先生はこれ以上はこころに入ってこないでください」と本当は伝えているのかもしれないと解釈できます。エロスの奥にタナトスが蠢《うごめ》いている。

それがわかると、今までのかかわりでよかったのだろうかと反省することができる。

◎エロスを探して

原則として、僕は普段エロスを探しています。

相手のこころのつながろうとしている部分をわかっていることが、ケアをし続けるうえで不可欠だからです。

ふつうにつながりを求めているときには、ふつうにそれを受け取るのが大事です。「お願いだから助けて」と言われたら、「任せて、やっておくよ」と応えるのがケアになる。

あるいは、さきほどお話ししたように、一見関係を壊そうとしているときでも、その裏でつながりを求めている気持ちが見えていれば、それに耐えることができます。

たとえば、親御さんのカウンセリングをしているときによくあります。子どもの具合が悪くて、相談にやってくる。話をしているうちに、だんだんと親御さんが子どものことを理解できるようになり、傷つけないようにかかわれるようになってくる。

ケアがうまくいきはじめる。子どもに少しずつ元気が出てくる。

すると、子どもは暴れ始めるわけです。親に対して、これまでになかったような直接的な攻撃をするようになることがある。

こういうとき、親御さんからすると、こころが折れそうになる。

「せっかくいい調子になってきたのに、元の木阿弥《もくあみ》です」と絶望してしまう。

でもね、僕は前進だと思うんですよ。親が変わったからこそ、怒りをぶつけてもわかってくれるんじゃないかという希望が生まれているのがほの見えるからです。

そういう理解が、ケアの苦しい時期を持ちこたえるのを助けてくれます。

◎ひきこもるとき、ケアはつらい

これに対して、タナトスのもっとも厄介な現れ方は、「ひきこもる」ときです。

これは文字通り、部屋から一歩も出てこない状態のことだけを指しているのではなく、つながりから撤退していくことも含んでいます。たとえば、メールの返信がなくなるとか、そういうのを思い浮かべるとよい。

ひきこもるって、一見おとなしく見えるし、あまり破壊的じゃないように思われるかもしれないのだけど、実は非常に攻撃的です。というのも、周りとのつながりを遮断しているからです。

こういうときにつながりへの深刻な破壊が起きています。これに比べると、怒りには断然希望が宿っているのがわかりますよね。

ケアが難しくなるのはこういうときです。なんとかつながろうとしているのに、相手はひきこもってしまっている。関係性がどんどん遮断されていき、こちらのケアしようとする気持ちも冷たく死んでいく。

孤独に触れると、こちらも孤独になります。孤独は連鎖する。そういうとき、ケアは危機に瀕《ひん》するし、ケアする人をケアすることが必要になる（これについては五日目にお話しします）。

だけどね、タナトスとの出会いは不可避だと思うんです。

孤独になっている人とつながりを作っていくのが雨の日のケアだからです。ご本人こそが、このタナトスに苦しんでいるわけですから、ケアしようとかかわる人も孤独を味わうことになります。

だからこそ、今自分が直面しているのがタナトスであることに気づけることが大事なんですよ。「今は、つながりを断ち切ろうとしている時期なんだ」と自覚しておくことで、その時期に持ちこたえることができます。

といっても、タナトスとの向き合い方は上級篇なので、とりあえず初心者にはエロスを探すことをお勧めします。

あなたの日々のケアで、相手のつながりを求めている部分を見つけてみてください。

小さなエロスでいいんですよ。ＬＩＮＥにスタンプが返ってくるとか、「おかえり」の声掛けに返事があるとかでもいい。

「あ、一応、まだ私に期待しているんだ」と思えたなら、あなたのケアする気持ちが支えられると思います。

相手のエロスに触れると、あなたのエロスが再起動するということです。

補助線その3　ＰＳポジションとＤポジション

◎こころには二つのモードがある

さて、ここまでが準備運動。

こころを分解して、そこには複数の登場人物がいることと、それらがケアする人との間でつながろうとしているのか、断ち切ろうとしているのかを見ようとしてきました。

そのうえで三本目のＰＳポジションとＤポジションの補助線が今日のメインディッシュになります。

この補助線が分類するのは、関係性における二つのモードです。相手がつながろうとしている場合にせよ、関係を断ち切ろうとしている場合にせよ、そのときの温度感には二種類ある。

たとえば、子どもから「あのときの対応はひどかった」と言われたならば、きつい言葉ではあるけれど、ギリギリ受け止めることができるかもしれません。

だけど、「死ねよ、ゴミ」と言われたなら、かなり厳しい。

両方とも、憎しみと絶望を伝える言葉なのだけど、「ひどかった」と「死ねよ、ゴミ」ではモードが全然違う。

端的に言いましょう。


こころには余裕のあるときのモードとひどく追い詰められているときのモードがある。


「ひどかった」と冷静に言えるのは余裕があるときで、「死ねよ、ゴミ」と言わざるをえないのは追い詰められているときです。

ここにまったく質感の違う二つのこころがあります。

もちろん、前者が晴れの日で、後者が雨の日になります。

ですから、今からお話しするPSポジションのときのこころこそが、まさに雨の日のこころということになります。

◎PSポジションとDポジション

PSポジションとDポジション。

これはメラニー・クラインという精神分析家が考えた補助線です。

ＰＳというのはparanoid-schizoidの略で、日本語にすると「妄想―分裂」。Ｄというのはdepressiveの略なので、日本語にすると「抑うつ」になります。ややこしい名前ですし（その意味についてはすぐあとで説明しますね）、両方とも陰鬱《いんうつ》な感じがします。

これを考えたメラニー・クラインという人自身がものすごく陰鬱な人だったらしいです。でも、彼女はフロイトの次の世代で一番重要な精神分析家です。このＰＳとＤという補助線は、今でも世界中の臨床で広く使われていて、下手したらフロイトの補助線よりも直接的な影響力としては大きくなっているかもしれません。

僕らの仕事はある程度陰鬱な人の方が向いているのかもしれないね。

さて、ポジションというのは、ききなれない言葉かもしれませんが、ようはこころがどういう「姿勢」でいるかってことです。

たとえば、ボールがあなたのところに飛んできたときに、仰向けに寝転がっている姿勢だったらボールはめちゃ怖いけど、ちゃんとグローブを構えて立っていたら冷静に処理できます。姿勢によって、ボールに対する感じ方がまるで違う。

同じように、ＬＩＮＥを既読スルーされてるとき、ＰＳポジションだったら、「俺のことうざいと思ってて、見捨てる気なんだ」って不安になるけど、Ｄポジションであったなら「今日忙しいのかな？」って思いやることができます。

ポジションによって、コミュニケーションの感じ方が大きく違うわけです。これに対応して、付き合い方を微調整することが、ケアの秘訣《ひけつ》です。

このとき、気をつけなきゃいけないのは、太郎さんはPSポジションの人、次郎さんはDポジションの人って、ヒト単位の区分けをしてはいけないことです。

太郎さんにPSポジションのときもあれば、Dポジションのときもある。PSとDは日々の中で揺れ動きます。

ですから、今はPSなのか、Dなのか、と繊細に見分けることが必要になります。

◎世界も自分も最高

それでは、中身に入っていきましょう。PSポジションとは何か。

メラニー・クラインはこれを生後三か月までの赤ちゃんのこころだと言います。ということ、縁遠い話に感じるかもしれませんが、これが精神分析お得意の比喩《ひゆ》であることを忘れてはいけません。

あなたのこころの中には、小さな赤ちゃんが住んでいる。

クラインが言っているのはそういうことです。

ほら、僕らにもときどき赤ちゃんみたいになっちゃうことがあるでしょう？　普段はちゃんと大人をしているんだけど、以前にひと悶着《もんちゃく》があった上司に嫌味な一言を言われると、強い恐怖に襲われたり、猛然と腹が立ったりする。

そういうときに、普段だったら絶対言わないようなことを言ってしまったり、メールで送ってしまったりする。僕らの中の赤ちゃんが泣きわめいているわけです。

ですから、クラインの説明に沿いながら、しばしあなたの中の赤ちゃんの気持ちを見つめてもらえたらと思います。

クライン曰《いわ》く、赤ちゃんはおっぱいを飲んでいるときに、「いいおっぱいに愛されてる」と感じるそうです。

ちなみに、「おっぱい」という言葉はインパクトが強いのですが、クラインは赤ちゃん目線で理論を作っているので、しばしお付き合いくださいね。

おいしい母乳を飲んで、ご機嫌。おっぱいは自分のことを愛してくれているし、自分もおっぱいを愛している。したがって、赤ちゃんは自分自身のことも愛していられます。こういうとき、世界は最強で、絶好調です。

たとえば、僕が以前に賞をもらったときがそれです。知らせが届いた夜は世界が異常に美しく見えました。

いつもの交差点を渡っているだけなんですけど、信号機がサファイヤとルビーのように輝いてるし、アスファルトは黒真珠みたいに光っているんですよ。

「俺は世界に愛されている」と二日くらいは思いました（そして、速やかに消えていきました）。

皆さんにもそういう体験があるんじゃないですか？

ずっと好きだった人に告白してみたら、「俺も好きだった」と言われたときとか、頑張って勉強して第一志望の学校に合格したときとか、そういうことがありませんでしたか。世界が自分を愛してくれているって感じたときです。

これがＰＳのこころです。

世界も自分も最高である。絶好調の自分です。

◎世界も自分も最悪

なんだけど、赤ちゃんの生活もいいことばかりじゃありません。

おっぱいを与えられているときは天国なんだけど、おっぱいがないときには地獄になる。

ほら、赤ちゃんってスヤスヤ寝てたり、ニコニコしているときには天使みたいだけど、機嫌が悪くなると悪魔みたいじゃないですか。地獄の業火に焼かれているみたいな泣き方をします。

なぜお腹が空《す》いているだけなのに、地獄の業火に焼かれている感じになってしまうのか。

それは赤ちゃんはおっぱいがないときにはおっぱいが「ない」とは感じないからです。

ここが一番わかりにくいところであり、しかしメラニー・クラインの天才が発揮されているところなので、ついてきてください。

ここがわかるとPSがわかります。

いいですか、客観的には単におっぱいが「ない」状態を、赤ちゃん自身は「悪いおっぱい」が「ある」と考えています。

空腹になると、お腹のあたりで不快感がしますよね。僕らは大人だから、お腹が空っぽだからだと思うわけだけど（これが正常心理学）、赤ちゃんはお腹のあたりに毒が「ある」と思う（これが異常心理学）。

不快感の理由を、悪いおっぱいに攻撃されていることに求めるわけです。

もう一度既読スルーを例にとりましょう。

付き合いはじめのカップルがLINEをしている。「会いたい」「俺も」「私の方が会いたいと思う」「いや、わかってない、俺の方が」みたいなメッセージがポンポン飛び交っている。二人は至福です。自分は相手が好きで、相手も自分が好きである。世界は輝いています。いいおっぱいの授乳に包まれている。

ですが、突然返信が途絶える。既読はついているのに、十五分たっても、一時間たっても、三時間たっても返信が来ない。

このとき、こころの中の赤ちゃんがざわざわし始めます。よからぬことを考え始める。

「俺がキモかったから、あえて無視しているんだ」

「私に意地悪をしようとしてるに違いない」

「きっと浮気しているんだ」

客観的には返信が来ていないだけです。だけど、こころの中の赤ちゃんは相手の悪しき意図を想像している。

「ない」だけなのに、「ある」と妄想している。


PSポジションのPが「妄想」という意味だったのはそういうことです。

おっぱいがあるときには「世界は美しい」ってなってるけども、おっぱいがないときには、悪いおっぱいが自分をいじめていると妄想してしまう。

このとき世界は地獄のようになります。

悪いおっぱいが赤ちゃんを憎んでいて、赤ちゃんもおっぱいを憎んでいる。だから、自分自身も悪いやつだとなる。

さっきまですべてが善きものだったのに、今ではすべてが悪いもので埋め尽くされてしまいます。

◎白か、黒か

これがPSポジションです。赤ちゃんのこころは、絶好調と絶不調を行き来している。神から愛されたと思った次の瞬間には、悪魔が自分をいじめている。世界は一瞬一瞬装いを変えるような不安定な場所になる。

さきほど付き合いはじめのカップルを例に挙げましたが、恋愛というのはそういう意味で病気なんですね。「恋の病い」とか「恋の嵐」という表現は適切で、彼らは本質的には激しい雨の日を生きている。

ついさっきまでラブラブだった二人が、次の瞬間には別れる別れないの大喧嘩《おおげんか》をしている。「最高のカレピ♡」とさっきまで言ってたのに、今では「なんだこのカエル男！」とうんざりしている。

恋をすると人はPSポジションになる。相手がどんな人なのかが、コロコロと移り変わってしまう。

同じように、ある瞬間には俺は天才だって思うんだけど、次の瞬間には俺はゴミだ、と思うのもPSポジションですね。

僕も原稿を書いてるときはそんな感じです。めちゃいい文章書けたと思ってご満悦なときもあるんですけど、それを友人に見てもらってかんばしくない反応だと「なんだこのカエル文章は！」と死にたくなってしまう。

白か、黒か。

これがPSのSが「分裂」である意味です。世界を白と黒に分ける。敵と味方に分けるし、いい人と悪い人を分ける。すべてが極端になってしまう。

◎PSポジションとは嵐である

これが苦しいんですよ。

というのも、PSのときには、周囲の人は潜在的に敵になっているからです。

もちろん、白のときもあるから、「理想的な人に出会った！」とか「俺は絶対に成功する！」と輝かしい気持ちになるときもあるのだけど、これはすぐに反転します。

周囲の些細《ささい》な反応から「俺を馬鹿にしてるんじゃないか」「私を裏切ろうとしてるんじゃないか」「結局、みんな自分のことしか考えていない」と不信感が湧いてきます。

絶好調のこころにも、実は深い不信感がある。

「俺は絶対に成功する！」と言い聞かせなきゃいけないのは、こころのどこかで「お前は失敗するに決まっている」という声が響いているときですよね。


さらにつらいことに、PSのときには人は攻撃的になります。

潜在的に敵に囲まれている不安があるわけですから、先制攻撃したくなります。さらに敵というのは攻撃してもいい相手ですから、普段だったら使わない言葉を使っちゃったり、ふつうならばしないようなひどい行動をとったりしてしまう。

今、世界では戦争がいろいろなところで起きていますが、各国のSNSでの情報戦を見ると、まさにPSポジションになっているのがわかります。

敵と味方がハッキリ分かれて、敵には容赦のない攻撃を加えましょう、そうじゃなければ、自分たちがやられてしまいますよ、と盛んに宣伝しています。

PSポジションの根源にあるのは切迫した恐怖。

だから、相手がPSのときにはケアをしづらくなるんです。

恐怖に怯《おび》えているから、ふつうの声掛けですら、攻撃されていると感じやすくなり、ついつい反撃したくなる。不信感が渦巻いているので、人を遠ざけてしまう。

こういうときこそ本当はケアが必要なんだけど、でも周りはケアしづらくなってしまう。孤独がスパイラルする雨の日とはそういうものです。

ということで、ここでひとまずDポジションの方に話を移しましょう。

◎Dポジション（抑うつポジション）

さて、次にDポジションにいきましょう。メラニー・クラインはDポジションを生後六か月の赤ちゃんのこころだというのですが、もちろんこれも比喩です。

PSポジションと同じ「赤ちゃん」という比喩だとわかりづらいので、ここでは「大人」のこころということにしましょう。三か月の赤ちゃんに比べれば、六か月の赤ちゃんの方が大人ですもんね。

クラインの描く物語は次のようなものです。

当初いいおっぱいと悪いおっぱいの間を往復していた不安定な状態のこころは、少しずつ安定していきます。絶好調と絶不調の波に慣れてくるわけです。

いいおっぱいがくる、悪いおっぱいがくる、いいおっぱいがくる、悪いおっぱいがくる。このリズムで、いいおっぱい、悪いおっぱいと繰り返していると、ちゃんと待っていればいいおっぱいがそのうちくるなってわかり始める。

先が予測できるようになってくる。

すると大発見が起こります。

いいおっぱいと悪いおっぱいが別々のものではなくて、それらがひとつのものであったとわかる。

つまり、単におっぱいが「ある」ときと、「ない」ときがあったんだと気づく。

再び既読スルーの比喩を使いましょう。

恋人とのやりとりがピンポンパンポンと続くときは幸せなんだけど、相手からの返信が来なくなると「浮気しているんじゃないか」と妄想する。これがＰＳポジションでした。

でも、そういうことが繰り返されるうちに、ある日気がつく。

恋人からの返信がないのは実家に帰っていて、病気の親のお世話をしているときだったとわかる。

そして、待っていればちゃんと返事は来るし、変わらない愛情を注いでくれることがわかってくる。

そうすると、返信がないときに、「浮気をしている」と妄想する必要がなく、「大丈夫なのかな」と思いやることができるようになる。


既読スルーを思いやる。

これこそがＰＳからＤへのドラスティックな変化です。

恋人は浮気していると妄想していた赤ちゃんのこころは、恋人は今時間が「ない」のだと気づく大人のこころになっている。

難しい言葉で言うと、「不在」が発見される。ゼロが見つかる。

簡単な言葉で言うと、恋人が完璧《かんぺき》な王子様でも、品性下劣な大悪人でもなく、忙しく日々を過ごしているふつうの人間だったとわかる。

◎白か黒かの世界が、灰色になっていく

大きな変化です。

ＰＳのときには白と黒に極端に分裂していた世界がグラデーションの世界になる。いろいろなものが灰色になっていく。

これがクラインのいう大人のこころです。

恋人にはいいところもあれば悪いところもある。自分にも長所もあれば欠点もある。社会には厳しいところもあれば、優しいところもある。

ここには穏やかな安定があります。ジェットコースターみたいに起伏の激しかった世界が、今ではほどほどのデコボコに見えてくる。

さみしいことではあるんです。

理想的な王子様も、光り輝くユートピアも、スーパースターになる自分もいないからです。いいおっぱいの輝きは失われてしまっている。残されているのはほどほどの現実です。

これが「Ｄ＝うつ」ということです。青春映画の終わりのほろ苦いもの悲しさを思い浮かべるとよい。

この「うつ」は決して悪いものではないわけです。ちょっと大人になったときの悲しさです。

この悲しさには安心感もあります。

世界は悪いことばかりじゃない。いい人もそれなりにいるし、自分にもいいところがそれなりにある。ここにはきちんと光がある。

Dポジションの根源にあるのは穏やかな安心感。

白か黒かのジェットコースター的な世界は終わり、灰色の安定した世界がやってきます。この安心感があるときに、僕らは大人として余裕をもちながら、日常を暮らすことができる。

PSポジションの眩《まぶ》しいけど、はかない光とは違って、Dポジションの光はくすんではいるけど、しぶとくて、確かな光です。

◎胸の痛みは大人の勲章

さて、非常に面白いのは、Dポジションでは後悔が発生することです。

ほら、PSポジションでは悪いおっぱいに対して盛んに攻撃していましたよね。敵だから何やってもいいんだと思ってた。でも、そうやって怒っていたのが、自分の思い込みだったと気がつくんですね。

たとえば、教師のことを極悪人だと思って「死ね、ジジイ!」と言っていたのだけど、実は自分のことをとても心配してくれていたとわかったときの後悔の感じです。その先生にはいろいろと問題もあったけど、でも一応俺のことを思ってうるさいこと言ってくれてたんだなと気づくと、胸が痛いですよね。

Dポジションの「うつ」にはそういう意味もあります。悪いことをしちゃったという罪悪感です。

このチクンとした胸の痛みが貴重なんです。

思いやりが生まれているからです。悪いことしちゃった、と思えるのは、相手には相手の事情や思いがあったとわかるからで、Dポジションになってはじめて、僕らは他者の気持ちや境遇についてちゃんと考えることができます。

すると、自然と償いをしたくなります。相手を傷つけてしまったことについて、何とかやり直そうとし始める。

ここにケアという営みのはじまりがあります。

PSポジションのときにはまだケアができなくて（自分のことで必死なので）、Dポジションになるとケアができるようになる。

◎時間は弱い万能薬

さて、PSとDの違いはほかにもたくさんあるのですが、もうひとつだけ重要なポイントを説明しておきます。

時間の感覚の違いです。

PＳポジションのときは、今この瞬間に何とかしなきゃいけないと切迫しています。恐怖のさなかにいるので、とにかく「今、ここ」のことしか考えられなくなります。

Ｄポジションになると、様子を見ることができるようになる。安心と一緒にいるときには、時間は味方に感じられます。落ち着くべきところに落ち着くだろうという感覚がある。

ですから、ひどくショックなことがあったときには、僕らはＰＳポジションになります。恋人に浮気されたとか、職場を解雇されたとか、そういうひどい目にあっているときには時間は切迫しますし、周囲の人間への評価は一変します。

今この瞬間のことしか考えられなくなって、余計に事態を悪くするようなことをしたり、言ったりしてしまう。こういうとき、こころの中の赤ちゃんがギャーと悲鳴を上げている。

でも、時間がたつと少しずつこころはＤポジションになっていきます。焼けた石が冷えていくのに似ています。

少し先の未来のことが考えられるようになり、過去の自分をふりかえることができます。するど後先考えない行動は控えることができて、言葉も慎重なものになっていく。

時間は弱い万能薬。

昔沖縄の病院で働いていたときに、僕が慌てていると、看護師の先輩が「なんくるないさ、様子を見よう」と言ってくれたのを思い出します。

先輩がそう言って一緒に様子を見てくれることで、ちょっと不安に耐えられるようになるんですね。

すると、ＰＳはＤになっていき、ピンチに見えた状況にも案外希望が残されていることが見えてきます。

苦しい気持ちを和らげるのにも、苦しい状況を見極めるのにも、時間はゆっくりと役に立つ。

◎雨の日の心理学

ということで、こころには二つの色彩があることを見てきました。

白黒のこころと灰色のこころ。

いい人と悪い人、味方と敵に世界が真っ二つに分かれているのがＰＳポジションで、いいところも悪いところも両方ある人たちで世界ができているのがＤポジション。

一瞬一瞬に命を賭《か》けているのがＰＳポジションで、過去と未来の全体を見ることができるのがＤポジション。

おおむね正常心理学というのはＤポジションのときのこころを語っていて、ＰＳポジションのこころを理解し損ねます。正常心理学的な対応は、ＰＳポジションのこころを傷つけてしまうわけです。

そのとき、こころは猛獣がウヨウヨしているジャングルの中にいるように、ピリピリと警戒しているから、些細なことで恐怖を感じます。

良かれと思ってやったことが、悪いおっぱいによる攻撃だと受け取られてしまって、お互いに傷ついてしまうことになりやすい。

こういうときに、ＰＳであることを「わかる」ことが、適切な距離をもってかかわることを可能にするんですね。

僕が日々やっているのもそういう仕事です。相手とのかかわり方が難しいという相談に対して、「今は周りをすごい怖がっているようだから、即レスするんじゃなくて、時間を置いてから返答した方がいいですよ」みたいに、ＰＳのこころを通訳して教えてあげるんですね。

どのように怖がっているのかがわかれば、脅かさないようなかかわり方は誰でもそれなりに思いつくものです。

ということで、こころの色彩は一日のうちでもどんどん移り変わりますから、そのときどきに応じて、こころに触れてみたり、あるいは遠くから見守ったりする。

そうやって距離を縮めたり遠ざけたりを微調整して、人間関係を続けていくのがケアだと思います。

今日のまとめ

今日は「わかる」をテーマにお話ししてきました。

晴れの日にはこころは自然にわかるけど、雨の日にはわからなくなってしまう。ですから、わからなくなったこころを理解するために異常心理学が役に立つ。これを素人向けにカスタマイズしたのが雨の日の心理学でした。

その具体的なレッスンとして、意識と無意識、エロスとタナトス、ＰＳポジションとＤポジションという三つの補助線を引きました。


いかがでしたでしょうか？

日々のケアでわからなくなっていたこころを、少しでもわかる手助けになっていればと願っています。

とはいえ、雨の日には「わからない」がデフォルトであることは忘れないでいてください。補助線を使っても、スッキリ「わかる」という風にはなりません。それだけで「わかる」ようだったら、すでに晴れの日になっていると考えた方がいいでしょう。

雨の日には基本はわからない。

それでも、「わかろう」とし続ける。

これがつながり続けることだと、僕は思います。

誰かがわかろうとしてくれたことは、たとえ十分には成功しなかったとしても、こころに残ります。そのこと自体が孤独を和らげることを忘れないようにしてください。

理解とは負けないことである、と最初にアーレントの言葉を取り上げました。

これが至言だったのはそういう意味です。

雨の日にはわからなくなってしまうのだけど、何度でもわかり直そうとしていくことが「負けない」ということです。

そうやって何度も相手と出会い直していくのが、雨の日なんですね。


次回から、僕らは具体的なケアのための技術を見ていくことになります。

ただ、それらも結局のところは「わかる」を基礎に置いていることを忘れないでもらえたらと思います。

ケアは常にケース・バイ・ケースです。マニュアル的対応はかえって相手を傷つけます。ですから、傷つけてしまったときには、もう一度「わかる」に戻る。

今日の授業が肝であったのは、そういう意味です。

もしケアに困ったら、いつでもこの章に戻ってきてもらえたらと思います。

ということで、今日はこれで終わりましょう。

ここから質問タイムといたしましょう。

質問タイム①

質問：自分がPSポジションのとき、相手にそのまま気持ちをぶつけたら傷つけるだろうなと思うと、何も言えません。そういうときは我慢するのが正解なのでしょうか。

東畑：これは難しくて、ケース・バイ・ケースですね。

感情をぶつけた方がいいときってやっぱりありますよ。相手を傷つけるかもしれないけど、でもそうじゃないと関係性が進展していかないときってあります。カップルとか友人との間でも大喧嘩したあとに、前よりも仲良くなることってありますよね。PSポジションって、そういう意味では革命を起こすモードだといえますね。人生には勢いが必要なときがあります。

でもね、ぶつかってみたら、実際に人間関係がぶっ壊れるときもあるんで、やっぱり危険は危険なんですよ。

だから、塩梅《あんばい》だと思う。白か黒か、ぶつけるかぶつけないかで判断するより、ちょっとずつぶつけてみるって感じじゃないですか、ふつうは。

思ってることをちょっと言ってみる。そしたら、案外わかってくれたから、前より強く言ってみる、みたいな繰り返しですね。そうやって人間関係は成熟していくのではないかと思います。

質問タイム②

質問：ケアする仕事をしていますが、相手から攻撃されたときや無理な要求をされたとき、どんな言葉や態度で応答すればいいのでしょうか。こちらも懸命にケアしているので敵視されるとどうしても傷つきます。

東畑：重要なのは、やっぱり無理なもんは無理ですし、無理なときは無理ということです。ケアをしていると、自分には受け止められないこと、不可能なことを求められている状況に置かれていることがあります。

こういうときは無理しないのが吉。一番大切なのはつながりが持続することで、あなたのこころが壊れてしまったら、元も子もありません。

ですので、いったん距離をとるといいんじゃないでしょうかね。それはできませんって言ったり、しばし会わないようにしたり、いろいろなやり方がありますね。

このとき、同僚とか管理職に相談しておくのが大事です。代わりに対応してもらえると助かりますし、一時的にハレーションが起こるかもしれませんから、そういうときにひとりで抱え込むことにならないようにしておく。

マンパワーが必要になります。ケアする人につながりをじゃんじゃん注入する必要があるわけですよ。ケアの仕事がうまくいくために一番大事なのは潤沢な人件費です。

質問タイム③

質問：ＰＳポジションのとき、家族は本人を傷つけないためにどんなケアができますか。家族だと距離をとるのが難しく、とったらとったで「私のことをどうでもいいと思ってるんでしょ」とか「放っておきやがって」とか攻撃されることがあります。

東畑：本当に大変だと思います。シビアなケアをなさっているんだなと思いました。こういうときに、ビシッと解決できるような具体的な対策ってなかなかないんですよね。つらい時間を耐え忍ばないといけない。

なので、専門家に相談に行くといいんじゃないですかね。つまり、どういう風に対応したらいいか、一緒に考えてくれる人がいた方がいいんじゃないかと思うんです。一人で背負《しょ》い込んでしまうと、絶望的な気持ちになったり、報復したくなったりしちゃうと思うんです。どうしても、こっちもどんどんネガティブになっちゃう。ＰＳポジションは伝染します。イライラをぶつけられたら、こっちもイライラする。

ですから、一緒に考えてくれる人が必要だと思うんです。誰かが不安を抱えてくれると、自分の側に余白ができます。

外付けハードディスクみたいに、人の器を使った方がいい。あ、これは次回にまた詳しく話しますね。

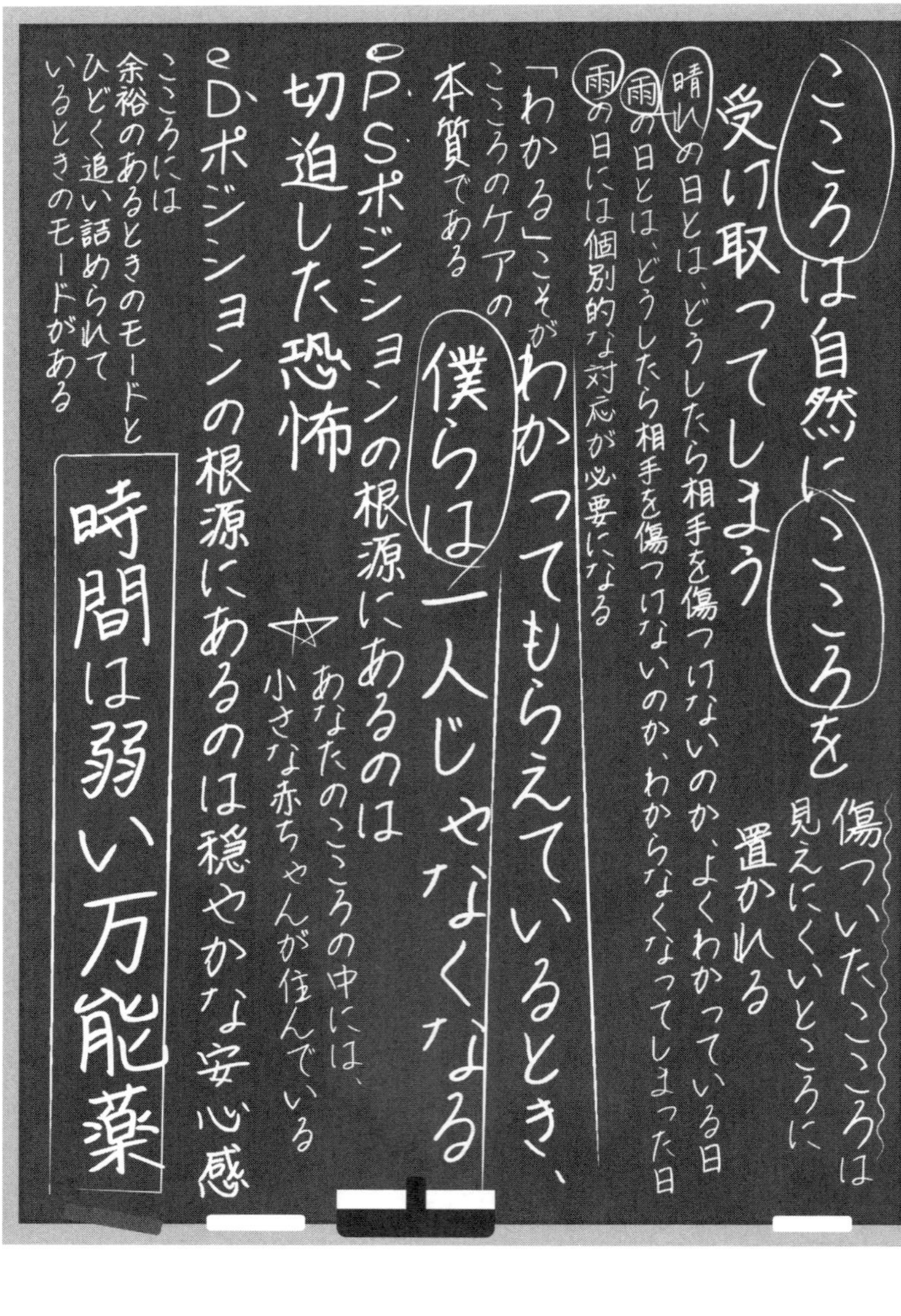
こころは自然にこころを
受け取ってしまう
晴れの日とは、どうしたら相手を傷つけないのか、よくわかっている日
雨の日とは、どうしたら相手を傷つけないのか、わからなくなってしまった日
雨の日には個別的な対応が必要になる
傷ついたこころは
見えにくいところに
置かれる
わかってもらえているとき、
僕らは一人じゃなくなる
「わかる」ことがこころのケアの本質である
PSポジションの根源にあるのは
切迫した恐怖
☆あなたのこころの中には、
小さな赤ちゃんが住んでいる
Dポジションの根源にあるのは穏やかな安心感
こころには
余裕のあるときのモードと
ひどく追い詰められているときのモードがある
時間は弱い万能薬

3日目

こころは
どうしたらきけるのか

——ゼリーをやりとりする技術——

> このときわたしを助けてくれるのが、まさに優しさです。というのも優しさとは、人格を与える技術、共感する技術、つまりは、絶えず似ているところを見つける技術だからです。
>
> オルガ・トカルチュク『優しい語り手　ノーベル文学賞記念講演』

早くもこの授業も三日目、中盤戦となります。

人生で言えば中年です、と言いたくなるのは僕が中年で、しかもちょうど厄年に突入したところだからです。悪いことが起きるんじゃないかと、日々気を揉《も》んでいるんですよ。

中盤戦というのは何かと大変なんです。中だるみしやすくなるときでもあり、慢心から油断が出るタイミングでもある。しかし、同時に本領を発揮できる時期でもあります。

ですので、この授業も中盤戦をしっかり引き締めてやっていきましょう。雨にも負けず、厄にも負けずに、頑張っていこうと思います。


ここまでの流れを超復習しておきます。

「ケアとは傷つけないことである」が一日目、「傷つけないためにはわかる必要がある」が二日目で勉強したことでした。

「雨の日とは何か」「雨の日の心理学とは何か」についての基礎理論をお話ししてきたということです。

すると、次の疑問が湧きますよね。

「じゃあ、どうしたらいいんですか？」

これですよ。当然です。

あなたはケアに困って、この授業を受けているわけだから、具体的に、実務的に何をすればちゃんとケアをできるのか知りたいはずです。

そう、雨の日の技術こそが問題です。


二つの技術があります。

ひとつが「きく」で、もうひとつが「おせっかい」。

いざ、ケアをするときの二つの具体的な手段です。

おせっかいについては次回にお話しするとして、とりあえず今回は「きく」からいきましょう。


こころをどうしたらきけるのか？

これが今日の問いになります。


ですが、その前に恒例のエピグラフ。

オルガ・トカルチュクというポーランドのノーベル賞作家の言葉です。この人、もともとは僕と同じで心理療法家なんだけど、人の物語をきくより、自分の物語を書きたいというので作家に転身した人です。

そんな彼女が「優しさとは技術である」と言っている。

これ素晴らしいと思いませんか？

優しさというと、ついつい気持ちとか性格とかと思われがちです。でも、そうじゃない。技術である。人と自分との「似ているところを見つける技術」である。

これを念頭に今日の話をきいてもらえたらと思います。

技術の前に、「きく」の意味から

◎なぜ「きく」が大事なんだろうか

きくのが大事。

というのは耳にタコができるほど、言われていることかもしれません。

子育てでも、介護でも、会社でも、きくのが大事と言われています。もはや一般常識と言ってもいいでしょう。


とはいえ、なぜきくが大事なのでしょうか？

確かに「きく」ってきれいな言葉だし、優しい感じがするのだけど、よくよく考えてみるとわからなくなりませんか？

いくら話をきいてもらったところで現実の困難な状況が変化するわけじゃないからです。

これが謎なんです。

河合隼雄《かわいはやお》という臨床心理学者がいて、彼は「なにもしないことに全力を注ぐ」のがカウンセラーの仕事だと言っていました。

カウンセラーがクライエントを変えようとして、あれやこれやとおせっかいを焼くのではなく、なにもせずにじっと「きく」。そうすることで、クライエント本来の力が芽吹いてきて、こころは回復していくんだ、と言っていたわけです。

大学院時代の先生は河合隼雄の弟子だったので、僕もそういう思想を徹底的に叩《たた》きこまれてきました。

でも、当時うまく飲み込めなかったんです。

「きくだけでなんの意味があるんだ？」「なにもしないことで人の助けになるなんて、魔術的発想じゃないか？」

どうしてもそう思わざるをえなかった。

そして実際、臨床を始めてみると、クライエントからも同じ質問をされることになりました。

「カウンセリングなんかやって意味があるんですか？」「話をきいたところでなにも変わらないですよね？」

きくことは本当に大事なのか？

きくは実は無力なのではないか?

そういう不信感が僕の中にも、クライエントの中にもありました。

あなたにもありませんか?

◎高校生たちの切実な問い

この前、NHKの高校生向けの番組で「きく」がテーマになっていて、そこに専門家として呼ばれました。

そのとき、高校生たちから「友人から相談されたときに、何とアドバイスをしたらいいんでしょうか?」「話をきくだけしかできなくて落ち込むのですが、どうしたらいいのでしょうか?」みたいなことを質問されたんです。

僕はそこまで真剣に考えてる時点で素晴らしいじゃんと思ったし、そんなの役に立ってるに決まってるじゃんと思ったけど、彼らは深刻でした。

きくだけじゃ足りない。自分は無力だ。何をすればいいんだ。

切実な問いでした。

このとき、前提となっているのは、「きくことは情報収集である」という考え方です。

話をきく。それは事情聴取であり、情報を集めて、原因を明らかにすることである。すると、話をきき終わった後に、「なんらかの対処をしなければいけない」と考えざるをえません。

でもね、困りごとの原因は明らかなのだけど、何もできることがない場合って多いんですよ（ここで問題になっている「おせっかい」の仕方については次回で話しますね）。たとえば友達から、親が大きな借金を作ってしまったから、自分は働かなくちゃならず、大学に行けないかもしれないと相談を受けたとします。

彼の苦しみの原因は明らかです。でも、高校生の自分にできることはありそうにない。そういうとき、きくはひどく無力なものに思えて、絶望してしまいます。

でもね、先取りすると、ここにきくの秘密がある。

その高校生が無力感に打ちひしがれ、絶望していることに意味がある。だって、それは友達の抱えていた絶望を確かに受け取っているということであるからです。

事態は変わらない。でも、絶望を知ってくれている人がいて、その人も一緒に絶望的な気持ちになってくれている。

これがどれだけ友人のこころを支えているか、慰めているか。

孤独を防ぐうえで、一緒に絶望してくれる人がいることがいかに貴重であるのか。

きくはとても大事だと言われているけど、同時に意味がないとも思われている。この二つの側面をどう考えたらいいのかが、今日のテーマです。

これを考えるために、「転移と逆転移」「コンテイニング」という二つの理論をお話しして、それから具体的な技術に入っていこうと思います。

以下が今日のメニューです。

①こころをきくとき、何が起きるのか？
A　転移と逆転移の理論について
B　コンテイニング理論について
②どうしたらこころをきけるのか？（具体的な技術について）

今日でケアのための「きく」をマスターしようじゃありませんか。

転移と逆転移の理論

◎「きく」の登場

こころをきくと何が起こるのか？

まず、押さえておきたいのは、いわゆるこころの治療が、「きく」の登場によって大変革を遂げたことです。その分水嶺《ぶんすいれい》となるのが、この授業でよく出てくる精神分析です。

精神分析以前にもこころの治療は存在していたわけですが、そのときの治療者の仕事は主に「話す」だったんです。つまりは催眠、暗示をかける治療です。たとえば、おねしょをしてしまう子どもを治療するとき。治療者は「おしっこしたくなったら、目が覚めるよ」と暗示をかけます。すると、おもらしする前に目が覚めてトイレに行けるようになる。

これ、日本の催眠研究の第一人者が最初にやった治療の実際なのですが、「おしっこが出なくなるよ」という暗示をかけるのではないところが深いですよね。

いずれにせよ、これが催眠で、そのとき治療者の仕事は話すことにあります。

これを精神分析が覆します。

転換点はブロイアーという医者がアンナ・Oという女性に行っていた治療です。ブロイアーは基本的には催眠を使う人だったので、最初は暗示で症状を消そうとしていました。だけど、偶然新しい展開が起こります。

アンナ・Oがしゃべると、症状が消えたのです。

たとえば、彼女には水を飲めないという症状があったのだけど、それは犬が自分のコップで水を飲んでいるのを見てからだったと彼女が語る。すると、症状が消えた。あるいは、腕が動かないとか、英語しか話せなくなる（彼女はドイツ語話者です）という症状も、関連する記憶を話すことで消えていった。

こういうことです。アンナ・Oが話し、ブロイアーがきく。話すのは患者の仕事で、きくのが治療者の仕事になった。

そして、そのことで暗示を使っていたときよりもずっと鮮やかに症状が消えていった。これが精神分析の出発点です。

アンナ・O自身はこれを「煙突掃除」とか「お話療法」って呼んでいたらしい。話をするとは、煙を外に出すことである。煙突が詰まっているから問題が起きているので、掃除をして、煙が外に出るようにする。これが治療になるのだと彼女は言った。素晴らしいネーミングですよね。

いずれにせよ、きくの力が示されたことから、精神分析は始まります。言うことをきかせるのではなく、言うことをきく。これが治療者の仕事になった。大革命です。

◎「きく」うちに、関係がおかしくなる

ただし、このアンナ・Oのエピソードには続きがあります。ここに「きく」のもうひとつの側面が現れます。

もしかしたら勘のいい人はお気づきかもしれません。精神分析の創始者がフロイトであることを前回お話ししたのに、さきほど出てきたのはブロイアーでした。これはなぜなのか。

実はフロイトはブロイアーの友人であり、共同研究者でした。フロイトはブロイアーからこの事例を聞いて、トラウマをきくことで症状を消すというやり方を真似するようになりました。

ならば、なぜブロイアーは精神分析の創始者ではないのか。

それはブロイアーが、このアンナ・Oとの治療を続けた果てに、お話療法をやめてしまうからです。やばいことが起きたわけです。


こういうことらしい。ブロイアーはアンナ・Oとの治療に夢中になっていきました。アンナ・Oもブロイアーをこころの底から頼りにするようになった。一時期は、ブロイアーに食べさせてもらわないときには、食事に手を付けなくなったりもしたらしい。ようは、周りから見て、「怪しい関係」になっていったということです。

これをね、ブロイアー夫人は見逃さなかった。

「あんた、アンナさんのとこに行くとき、やけにウキウキしてるわね。しっかりめかしこんじゃって」と皮肉めいて、しかしきつく警告します。

これでブロイアーは治療を突然打ち切ってしまうんですよ。

「もう俺はアンナ・Oのところにはいかないから」


すると、その夜のことです。土砂降りの中、雷が轟《とどろ》く。ウィーンの街を一台の馬車が駆け抜ける。アンナ・Oの邸宅からの使いです。馬車はブロイアーの家の前で止まる。召使いがドンドンドンと扉をたたく。

「なんだね、こんな夜更けに」ブロイアーがいぶかしげに対応する。すると、召使いは言う。

「旦那様《だんな》、旦那様、きてくだせえ。お嬢様が、アンナさまが、大変でゲス！」

慌てたブロイアーは馬車に乗り込む。邸宅につく。アンナ・Oの部屋の扉を開ける。雷が鳴り響く。アンナが叫んでいる。

「う、うまれる！」


いや、すいません、セリフも雷雨も、僕の頭の中での映画化の産物で、実際は月の明るい夜だったかもしれないし、召使いももっと洗練されていたかもしれない。でも、大体こういうことが起きたんです。

アンナ・Oは実際には赤ちゃんを宿していたわけではなく、いわゆる想像妊娠というやつですね。ブロイアーに見捨てられたショックで、そういう反応を起こしていたわけです。ブロイアーはこれにショックを受けて、完全に治療をやめ、アンナ・Oは病院に入院することになったようです。治療は失敗に終わりました。

これを機にブロイアーはお話療法から一切手を引いちゃって、精神分析の創始者という栄誉はフロイトに与えられることになりました。


これが精神分析の最初にあった物語です。

話をきく治療が始まった。そこには確かに癒《いや》す力があった。だけど、話をきくことで、二人の関係がおかしくなった。ひどく傷つけるようなことが起きてしまった。

きくは癒すだけではない、傷つけることもある。

◎「転移」の発見

話をきくことでおかしな関係になる。

皆さんにも経験があるのではないでしょうか。

相談を受けて、いろいろと話をきいている。頼りにされていると思っていたのに、ある日突然相手との関係が変になっていたことに気づく。

恋愛感情を向けられていることもあるでしょうし、深い憎しみを向けられていることもあるでしょう。すさまじい軽蔑《けいべつ》を受けていることだってあるかもしれません。とにかくおかしくなっている。

なぜ話をきいているうちにおかしな関係になってしまうのだろうか。これを解き明かしたのがフロイトです。

フロイト自身も失敗に終わってしまった治療がありました。順調に治療が進んでいると思って話をきいていたら、ある日突然患者さんから深く憎まれていたことが発覚して、治療が中断してしまったことがあった。

ショックなことです。しかし、ここでフロイトは偉大さを発揮します。

なぜだろうか、何が起きていたんだろうか。彼は考えることをやめなかった。ブロイアーが撤退したところから、フロイトは出発します。

そうして発見されたのが「転移」の理論です。

これがその後の精神分析を決定づけました。

◎転移とは何か

転移とは話をきいてもらっているうちに、相手との人間関係にもともとあった困りごとが再現されてしまう現象のことです。

たとえば、誰かに恋愛相談をしているうちに、その人のことを好きになってしまう。あるいは、「上司からひどいことをされている」と相談をしているうちに、目の前の相談相手からもひどいことをされているような気持ちになる。

僕らの人間関係というものが、過去の繰り返しであるということです。これを究極に遡《さかのぼ》っていくと、幼少期の親とか養育者との関係にいきつきます。

たとえば、毎回同じような理由で友達と喧嘩別れしている人がいたとしましょう。すごい速さで仲良くなるのだけど、ある段階に至るとその友達がほかの人と仲良くしているのに嫉妬《しっと》してしまって関係が破綻《はたん》してしまう。

これを遡っていくと、弟が生まれてから、母親の愛情がほかに向いてしまった体験に辿《たど》り着くかもしれません。

転移とは新しい人間関係に古い呪いが繰り返されることである。

僕らのこころにハンコがあるみたいな感じです。たとえば、鬼のハンコがある。それはもともと、鬼のようだった親の顔かもしれません。これが新しく出会い、親しくなった人に押されるわけです。信頼していた教師もあるときから鬼印になり、深い付き合いになった恋人も鬼印になる。そして、ようやく出会ったカウンセラーも気づけば鬼印になっている。親じゃなくてもいいんです。とにかく現在に過去が反復されるのが転移です。話をきいてもらっているうちに、相手との関係が昔あった苦しかった関係と同じものになってしまう。

◎逆転移とは何か

ちなみに、これの逆バージョンが逆転移です。

患者が治療者に対して抱く感情を転移だとすると、逆転移というのは治療者の側に起きてくる感情の変化です。つまり、ケアする側がいろいろな気持ちになってしまうのが逆転移。たとえば、冷たいお父さんの話を後輩がしている。そういう話をきいてるうちに、「こいつ勝手なことを言うなぁ」とか「子どもっぽいよなぁ」と、友達に対して冷たい気持ちになってくることがある。あなた自身が冷たいお父さんのようになってしまうわけです。

あるいは、さきほどの高校生の悩みも逆転移だと思うとわかりやすい。

友達が親の借金に絶望している。そういう話をきいているうちに、こっちまで絶望してきちゃう。友達を助けてあげられない自分をとても悪い人間だと感じて、自分を責めてしまう。

この絶望は本来友達自身の絶望でしょう。彼の無力感が感染して、こちらまで無力感でいっぱいになっている。

逆転移についてはまだまだ語るべきことがあるのですが、詳しくは最終日にもう一度取り上げることにして、とりあえず前に進みます。

◎関係が深まれば、転移と逆転移は必ず生じる

転移と逆転移、これが今日一つ目の理論です。

転移と逆転移は危険です。本来、ケアする関係だったはずなのに、傷つける関係になってしまう。

でもね、これは避けがたいことでもあるんです。関係が深まると、必ず転移と逆転移は生じてきます。

実際、さきほどの高校生にしても、ちゃんときいていたから絶望が感染したわけです。

友達の話を適当にきき流していたら、絶望したり、無力に感じたりしないですよね？

転移と逆転移の本質はここにあります。つながりが深まっているからこそ、関係がおかしくなる。浅いつながりであれば、関係はふつうでいられる。

そういう意味で、さきほどの高校生たちはちゃんと話をきけているし、友人を支えていると思ったんですね。彼らが絶望し、無力感を抱えている分だけ、相手の絶望は軽くなり、無力感は和らいでいると思う。絶望があるということは、それだけのつながりが生まれているということです。

ですから、転移と逆転移は単なる悪者ではありません。

新しい人との出会いとその関係の深まりが、過去を癒してくれることがあるのも、転移と逆転移の賜物《たまもの》です。古い呪いが再現されるからこそ、新しい人が呪いを解くことができるわけです。

フロイトはそう考えて、転移を分析していくことを、精神分析における主要な治療的作業としました。毒を薬にしようとした。

新しい関係性とは、過去の古い傷をやり直す関係でもある。

だからね、めげる必要はありません。転移や逆転移が生じることはある。それで傷つけてしまうこともある。どうしてもある。でも、そのことによるこころの回復もあるわけです。

転移はピンチにもチャンスにもなる。


ですから、必要なのは予防ではなく、修復です。

転移と逆転移が起きないようにするのではなく、起きてしまったときに、関係がおかしくなっていると気がつき、やり直すこと。

傷つけていることを自覚して、傷つかないように再調整する。

そのためには何が起きていたのかを「わかる」ことが必要になります。

ですから、「わかる」から「きく」へ、という流れでこの授業は進んできましたが、もう一度「わかる」に立ち戻る局面がやってくる。

この授業の内容は、何度も何度も二日目の授業に戻りながら進められていくものであるわけですね。

この「きく」と「わかる」の関係は深いので、またのちほどお話しします。


さて、転移と逆転移の理論とは以上のようなものでした。

ようは、きくの癒す力と傷つける力は表裏一体になっているということです。

だとすると、その背景にあるのはどのようなこころのメカニズムなのでしょうか？

きくことはどのようにしてこころをケアするのか、あるいは傷つけるのか。

いよいよ今日のメインディッシュであるコンテイニング理論に話を進めましょう。

コンテイニング理論

◎二つのこころが交流している

きくにはいかなる力があるのか。この謎を解こうとして、転移と逆転移について見てきました。

すると見えてきたのは、きくと話すの間で飛び交っているのが、決して言葉だけではないことです。もう少し正確に言うと、言葉に乗せられているのは情報だけではない。言葉には呪いも祝福も、愛も憎しみも、さまざまな感情が乗せられていて、それが口から耳へと飛んでいく。こころが行き交っている。

だから、話をきくことで、こころとこころは触れ合い、反応する。それが孤独を防ぐこともあれば、おかしな関係を生じさせることもある。

少し先走りすぎました。

こころが飛び交うとはどういうことなのか？

これを一番シャープに説明してくれるのが、ウィルフレッド・ビオンという精神分析家のコンテイニング理論です。

ビオンは前回話したメラニー・クラインの弟子です。だから、フロイト、メラニー・クライン、ウィルフレッド・ビオンというのが、それぞれの世代のトップスターであり、精神分析の王道の系譜です。山口百恵《やまぐちももえ》、安室奈美恵《あむろなみえ》、宇多田《うただ》ヒカルみたいなものです、というのはちょっと違う気もするが、まあいいです。

とりわけ、このコンテイニング理論は、その後の精神分析でもっとも中核的な理論のひとつになりました。現代の精神分析では誰しもがこの理論をバックボーンにして仕事をしていると思います。

僕自身も、「きくが大事」と言われていたことについて、この理論を知ることでようやく理解できました。魔術じゃなかったとわかった（笑）。

実を言えば、僕の『聞く技術　聞いてもらう技術』という本は、このビオンの理論を平易に書いたものです。

ビオンが革新的だったのは、それまでの精神分析が一人のこころの中で何が起きているのかを考えていたところから、二人の間で何が起きているのかを考え始めたからです。

ほら、フロイトは意識があって無意識があってみたいなことを言っているわけだけど、それって一つのこころの中の話ですよね。クラインのPSとDもそうです。一つのこころがどういう状態になるかの話です。

ビオンはそうじゃない。こころを二つセットで考えている。二つのこころの間でどのようにこころが飛び交っているかを考えているわけです。

こころが飛び交う。この魔術みたいな話を説明してみようと思います。

すると、きくとは何かが見えてくる。

◎こころの飛び交い方も二種類ある

ここで前回の授業が生きてきます。

実のところ、こころの飛び交い方には二つのモードがあります。前回お話ししたPSポジションとDポジションです。

PSポジションのとき、こころは言葉からはみ出して飛び交い、Dポジションのときには、言葉にくるまれて飛び交います。

たとえば、得意のLINEの例で言うと（LINEはこころの発射台ですな）、仕事終わりにスマホを開いたとき、パートナーから五十通くらい連続で「今どこに居る?」的なメッセージがきてたら、ぞーっとしませんか?

文面以上に、五十通もメッセージがきている事実そのものに、「俺を見捨てないで」というこころを生々しく感じますよね。これにぞーっとする。

この「ぞーっ」こそが、ＰＳポジションのときのこころを受け取った証拠です。そこでは言葉を超えて、不信感が溢《あふ》れています。

これに対して、Ｄポジションのときの僕らはスマートに「今年は暑いですね」「いやあ、ほんとに」とか、「この前の日曜日の焼肉おいしかったよな」「また行こうぜ」とか軽口をたたきながら、静かにこころを交わしています。このとき、こころはちゃんと言葉の中に収まっていて、僕らは「ぞーっ」とせずにこころを受け取ることができます。

あるいは「この前の言葉は傷ついた、でも意味はわかった」「うん、俺も言い方きつかったと思う。わかってくれてありがとう」と真剣な言葉を交わすときもＤポジションです。言葉の内容はハードですが、でもこころはしんみりと交わされている。

ＰＳのときには、こころは言葉に収まりきっていません。文面以上に、行動の端々から焦りとか、不安とか、憎しみとか、そういう言葉にならない気持ちが漏れ出している。「怒ってねえよ！」って怒鳴られるときとかがそういう感じです。そういう言葉をぶつけられると、こちらも平静ではいられません（これが逆転移）。「怒ってんじゃん！」と怒りで返してしまう。

ふと思いましたが、僕が「！」マークを会話文で使うときは、ＰＳを表現していますね。これに対して、Ｄのときには、気持ちはちゃんと言葉に落とし込まれています。言葉はしっかりとこころを包み込み、相手にその意味を受け取れるように配慮されています。

届けたい荷物が、ちゃんと段ボール箱の中に入るのと似ていますね。それだけ、気持ちが落ち着いて、取り扱い可能なものになっているということです。

◎PSメールの秘訣

ここでひとつ、生活の知恵をお教えしておきましょう。

PSのときにはメールは送信しない方がいいです。

怒ってるときとか、不安なときには、メールを書いてもいいんですけど、下書きにしておくのがいい。あるいは、次の日の昼くらいに予約送信の設定をするにとどめる。

朝起きてもう一度見返すんですよ。すると、こころがちょっと落ち着いていて、Dになっているので、文章の変なところというか、嫌味を言ってたり、皮肉を言ってたり、言葉足らずのところに気づけます。これを直してから送信する。

本当に怒り心頭で、一晩寝ても落ち着かなかった場合は、人に見てもらうといいです。他人が見ると一発でわかるんですよ、PSメールである部分が。それで「この表現はやめといた方がいいよ」って教えてくれます。

そうすると、メールのトラブルはかなり減ります。僕もこの失敗を何度も乗り越えて、こうやって今なんとか厄年まで生きのびてきました。

とはいえ、そういう切実なメールほど、人に見せられないし、即座に返信したくなるんだよね。ここが難しいところです。

◎コンテイニング理論は二段階で

話を戻すと、このPS的なこころの交わし方から、D的なこころの交わし方への変化こそが問題です。

どうやって、こころは言葉からはみ出していたところから、言葉にくるまれるようになるのでしょうか？

興奮して節々から怒りがにじみ出るメールを書いていたところから、ちゃんと言いたいことを伝えられるメールが書けるようになるときには、何が起きているのでしょうか？

この魔法のような変化にこそ、きくの秘密があります。

これを説明したのがビオンのコンテイニング理論で、精神分析がいつもそうであるように、ビオンもまた赤ちゃんと母親のコミュニケーションを例に挙げながら、こころの交わし方を説明しています。

これが二段階に分かれます。図を使いながら説明しましょう（この図は松木《まつき》邦裕《くにひろ》の『精神分析体験：ビオンの宇宙』にある図を改変したものです）。

◎第一段階　こころを預かる

見てください。赤ちゃんのこころの中に苦痛があります。これはたとえばお腹が減ったとか、オムツが汚れてかゆいとか、そういう不快感のことですね。大人で言うと、ＬＩＮＥが返ってこないとか、上司に低く評価されているとかに置き換えることができます。ようはモヤモヤしている。

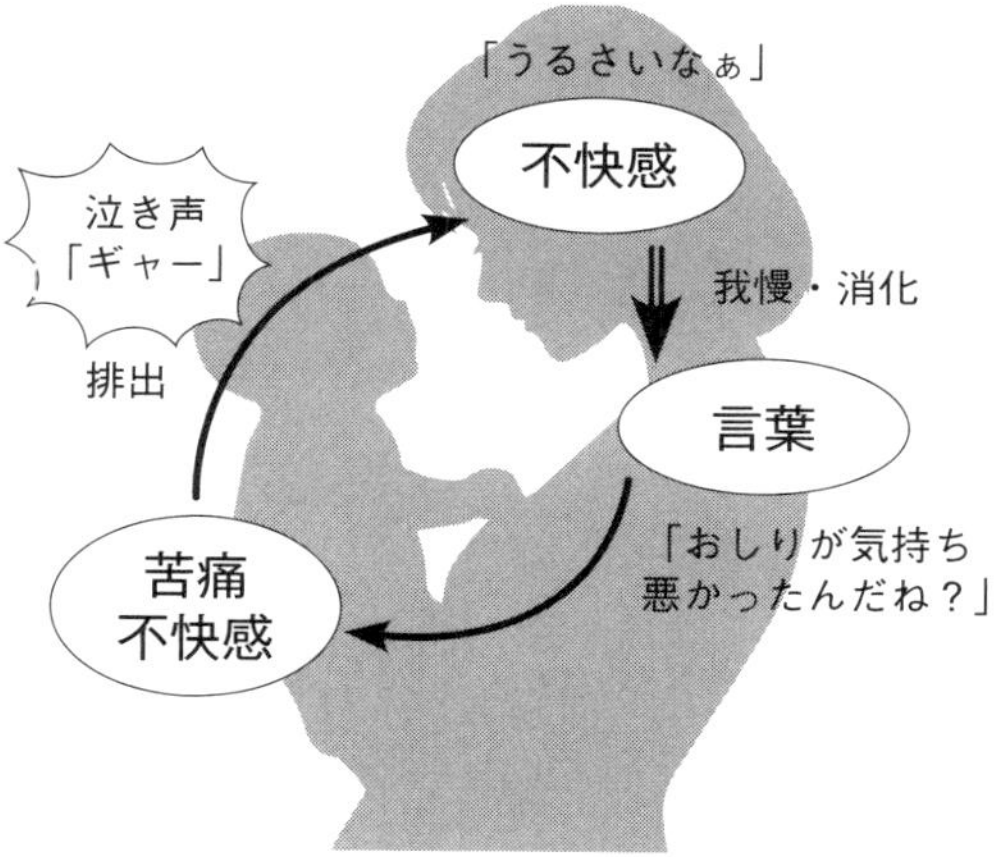

図２　コンテイナー／コンテインド関係としての母親と乳児

これを赤ちゃんは母親に向けて発射します。簡単に言うと、ギャーギャーと泣きます。赤ちゃんの泣き声ってうるさいですよね。率直に言っちゃうと不快です。でも、しょうがないんです。もし赤ちゃんの泣き声が、天使の歌声みたいだったら、そのまま泣かしておこうとなっちゃいますからね。

でもね、ここにビオンの洞察があります。

赤ちゃんの泣き声が不快なのは、赤ちゃんの感じている不快感がそのまま聞く人に感受されているからである、と考える。

赤ちゃんの中にあったこころが、そのまま母親のこころに感じとられている。赤ちゃんが嫌な気持ちだから、母親も嫌な気持ちになる。

前回の授業でも言いましたよね。こころは産地直送でこころに送られてくる。

僕らの日常でもこういう場面がときどきあります。

課長がイライラしながら、事務室の片づけをしている。引き出しを乱暴にバシーン！と閉める。その音に僕らはびっくりして、怖くなったり、「うざいなぁ」と思ったりする。

こういうとき、課長は赤ちゃんと同じです。自分のこころにある不快感を、周りの人のこころに直接投げ込んでいる。

さきほどの五十通のＬＩＮＥの「ぞーっ」も同じです。相手の感じている怖さを、僕らは産地直送で受け取っています。

これがコンテイニング理論の第一段階。こころの中にあるものを直接相手のこころに投げ込む段階。逆に言えば、そうやってこころを預かる段階。

PSポジションのときには、このようなコミュニケーションが起こります。

◎第二段階　こころを消化する

さて、この赤ちゃんのこころを母親が受け取ります。ギャーギャーという泣き声が聞こえて、母親は昼寝から目を覚ます。

このとき、「うるさいなぁ」「昨日の夜全然寝ていないのに」とイライラするかもしれません。不快感を投げ込まれているのだから当然です。育児とは本当にタフな仕事です。だけど、同時にこの母親は考え始めます。

「どうしたんだろう？」「なぜ泣いているのだろう？」

体を起き上がらせ、赤ちゃんを抱っこして、熱はないかを確認します。熱はない。

「ならば、お腹が空《す》いているのかな」と思って、おっぱいをあげようとする。だけど、飲もうとしない。

「もしかして、ウンチが漏れちゃったのかな」と思いたち、オムツを確認するとビンゴ。茶色になっている。

「おしりが気持ち悪かったんだね？」

不快感が言葉に変化します。そこでオムツを外し、おしりをきれいに拭《ふ》いて、新しいオムツをはかせてあげる。

赤ちゃんは泣き止む。笑顔を見せる。ギャーギャーという不快な泣き声が、キャキャキャキャという天使の笑い声に変わります。


こころが消化されるとはそういうことです。

赤ちゃんのギャーギャーから濁音が取れて、キャキャキャになったことだけではありません。その前に、真の消化は母親のこころの中で起きています。

ギャーギャーという泣き声が、母親の中で「おしりが気持ち悪かったんだね？」という言葉へと変化している。これこそが魔法です。

赤ちゃんのこころにあった正体不明の不快感が、お母さんのこころに投げ込まれる。お母さんはこの不快感について「なんなんだろう？」と考える。すると、「おしりが気持ち悪かった」と謎が解け、言葉になる。

この一連のプロセスをビオンは「コンテイニング」と呼びました。

◎contain は我慢する？

コンテイニング。contain に ing ですね。

つまり「包むこと」とか「器に収容すること」みたいな意味です。赤ちゃんのギャーギャーしたこころを、お母さんのこころで包み込むこと。

ただ、面白いのは、containには「我慢する」とか「耐える」という意味があることです。「包み込む」というと、海みたいに無限に広いこころが優しく抱きしめるみたいなイメージがあるかもしれませんが、ケアで起こるのはそういう生易しいコミュニケーションではありません。

人間的に限界のある器にどうにかこうにか我慢して他者のこころを置いておく（昨今流《は》行《や》りのネガティブ・ケイパビリティとはこれのことです）。昼寝から起こされた母親が、グッと我慢する感じですね。これがコンテイニングというこころの作業の特徴です。

たとえば、年老いた母親を介護しているのだけど、どんどん気むずかしくなってくる。しょっちゅう「死にたい」と言うし、「本当にあなたは気の利かない子ね」と嫌味を言う。これがさきほどでいう赤ちゃんの泣き声ですね。年老いた母のこころの中にある苦痛が投げ込まれている。

ムカッときますよね。でも、グッと我慢する。そして、「どうして母さんは、最近こんなにひどいことばっかり言うんだろう」って考える。このとき、あなたは母親のギャーギャーをコンテイニングしています。

すると、気づくんですよ。ああ、先々月、母親の親友が亡くなったんだった。あれからずっと、母さんはこんな感じだ、って。

そしたら、今までと違う対応ができますよね。週末にお墓参りに行ってみようかとか、その親友と共通の友達と久々に連絡を取って、おしゃべりしてみないかとか、いろいろな提案をできるかもしれない。

そういう試行錯誤の果てに、母親もまた親友が亡くなったことの悲しさを自覚して、こころの作業ができるようになっていく。

◎「きく」→「考える」→「わかる」

とても大事なところなので、丁寧にまとめます。

こころをゼリーのようなものだと想像してください。あなたの中でプルプルとしていて、外にジュルジュルとあふれ出るゼリーです。

「きく」とき、言葉だけではなく、ゼリーが相手から注ぎ込まれます。PSのときにはなおさらです。ゼリーが僕らの中に入ってきて、ムカついたり、不安になったり、物狂おしくします。これが逆転移でした。

コンテイニングとはこのゼリーをいったん預かることです。相手のこころを僕らのこころの中に置いておく。

このとき、あなたがこころを預かっている分だけ、相手のこころは軽くなっている。こちらのゼリーが増えている分だけ、相手のゼリーは減っています。

これが第一段階。

第二段階の始まりは「考える」。

相手の気持ちを考え、ゼリーの正体を考えます。

すると、たとえば「さみしかったんだ」と「わかる」ときがある。

これが消化のプロセスです。

このときの「考える」とは、最初のエピグラフに出てきた「似ているところを見つける」ことに他なりません。

自分のこころを相手のこころに重ねるわけです。この重なる部分をつかって、僕らは相手のこころを「わかる」。完全に重なっているわけではないんですね。でも、ちょっと重なっているところを探して、それを手掛かりに想像する。


この段階に至って、ゼリーがあふれ出していたPSの言葉は、ゼリーを包み込むDの言葉になっています。

これを相手に言葉で返すことができると、相手も「ああ、私はさみしかったのかもしれない」と思える。

この繰り返しがコンテイニングのプロセスになります。


きく、考える、わかる。

これが一連のサイクルになっています。きくとはこころを預かって、それについて考えることであり、その結果として「わかる」を生み出すことである。

このサイクルがグルグルと回ることで、PSはDになり、雨の日のこころは他者との間で一緒に分け持たれるものになり、理解可能なものになっていく。きくの偉大な力はこの作用にあります。

◎コンテイニングが失敗するとき

もちろん、コンテイニングがうまくいかないときもあります。

赤ちゃんがギャーギャーと泣いているときに、お母さんが睡眠不足だったり、体調が悪かったりすると、カチンときてしまって、「もう！　うるさい！」と怒鳴りつけてしまうことがあるかもしれません。

お母さんのこころからゼリーが溢れてしまっています。相手のゼリーを受け止めることができなくなってしまう。

同じように、上司が部下のコンテイニングに失敗してしまうときがあります。部下の話をきいていて、ついついムカムカして、説教してしまう。このとき、上司のこころは部下のゼリーを置いておくスペースを失ってしまっている。

これが「きく」によって傷つけてしまうときです。

ですから、必要なのはお母さんや上司のこころを誰か別の人がコンテイニングすることです。ケアする人のこころに他者のこころを置いておく余白を作らないといけない。

たとえばお父さんでも、祖父母でもいいし、ママ友でもいい。とにかく誰かがお母さんをコンテイニングして、「もう！　うるさい！」の裏にある「一人で子育てするなんて無理、誰かに手伝ってほしい」という気持ちを受け取らないといけない。

同僚でも、社長でも、家族でもいい。誰かが上司のこころを預かって、説教したくなる気持ちの裏に「全部俺に押し付けられている」という気持ちがあることをわかる必要がある。

話をきけなくなるときにはゼリーが溢れてしまっているから、誰かにそのゼリーをコンテイニングしてもらう必要があるということです。

◎こころをきく

「きく」の秘密がおわかりになったでしょうか？

話をきくとき、僕のこころと相手のこころの間では、ゼリーがニュルニュルと行き交っています。

「きく」とは情報の交換だけではなく、ゼリーの循環を行うことである。

だから、話をきいてもらうと、少し楽になります。

自分のこころにいっぱいになっていて、溢れ出していたゼリーをしばしの間預かってもらえるからです。

そうやって預かってもらっている間に、ゼリーは消化されて、こころの中に置いておきやすい形に変わる。

自分だけでは消化できなくなったこころを、他者のこころを使って消化すること。

これがきくの力です。

「きく」に備わるこの力を普段はみんな知っているはずなんです。

誰かに話をきいてもらってホッとしたことがあったはずだし、話をすることでこころが軽くなることを誰もが知っているはずです。


こころにはこころを置いておく力がある。


晴れの日にはわかっているんです。だから僕らは人に相談することができるし、人の相談に乗ることに希望を見出《みいだ》せる。

でも、雨の日になると、これが信じられなくなってしまう。

誰のこころにも自分のこころのための場所なんてない、と思ってしまう。

あるいは、話をきいてもらうだけでは、何の解決にもならないと思ってしまう。

こころにはこころを預かる力があることを忘れてしまう。信じられなくなってしまう。

これが最初にあげた「きく」の無力感の正体です。


そのとき、人は孤独になっています。

ですから、「話なんか聞いてもらっても何の意味もない！」と言いたくなる。

でもね、そういう言葉をあなたにぶつけることができたときには、相手のゼリーはすでにニュルニュルと移動し始めています。

その人の絶望があなたのこころに入ってくる。その結果、あなたは絶望するかもしれない。話をきくだけじゃ意味がないと思われるかもしれない。

でもね、それこそが相手の絶望のゼリーを預かっている証拠です。あなたのこころに相手のこころが置かれている証拠です。

そのこと自体にこころを支える深い力がある。

これこそがコンテイニング理論が教えてくれることです。


さあ、これで前半の理論篇はおしまいです。

以上を踏まえたうえで、具体的にどうすれば「きく」ことができるのか、ゼリーをやりとりする技術を見ていこうと思います。

とはいえ、ここで一休みしましょうか？

本を一度置いて、顔をあげて、ストレッチでもしてみよう。

いよいよ技術の話、まずは「聞く技術」

◎「聞く」と「聴く」

さてさて、後半戦に行きましょう。

こころをケアするために「きく」は役に立つ。

だとするならば、どのようなきき方をすれば、きくことの力を最大限に発動させることができるのか？

できるかぎり最大量のゼリーをやりとりするためのきく技術を、今からお話ししていきます。

このとき、「聞く」と「聴く」を便宜的に分けておきましょう。

「聞く」は話されていることを言葉通りに受け止めることで、「聴く」は言葉の奥にある気持ちに耳を澄ますことです。

「聞く」は言葉の表層に、「聴く」は言葉の深層に焦点を合わせることと言ってもいい。前の授業でお話しした、意識と無意識を思い出してください。表層に現れている意識的なこころを聞くのと、深層に潜んでいる無意識的なこころを聴く。そういう風に整理することができます。

「聴く」の方がなんとなくイメージはいいんですよ。深いところまでわかってるよ、みたいな感じがしますからね。

これに対して、「聞く」はどことなくチープで、誰にでもできる感じがする。でもね、「聞く」は「聞く」で深いんです。

たとえば、施設にいる母親に「あなたは全然面会にこないじゃない！」と怒られたとしましょう。

このとき、「ああ、寂しいんだろうな」って裏にある気持ちを思うのが「聴く」です。そう思えるようになるのには、それこそコンテイニングが必要で、グッと我慢しなきゃいけないから大変なんだけど、でもまだ受け止めやすいんですよ。怒られたことを、自分の問題じゃなくて、相手の問題として考えていられるから。

でも、このときの「聞く」はもっとシビアです。

「確かに俺は全然面会に行ってなかった、そりゃ怒るよな」と自分の落ち度を受け止めないといけない。これは余裕があるときならばできるんです。「ほんとにそうだ」って思える。でも、忙しい中で時間を作って会いに来ているのに、開口一番そう言われたらムカッときますよね。ゼリーを受け止めきれない。

だから、「聞く」と「聴く」にはそれぞれの難しさがあると言えます。

そこで、聞く技術と聴く技術の両方を教えていこうと思います。

じゃんじゃんしゃべってもらって聞くための技術と、隠されている声を聴くための技術です。

どちらかというと、隠されている声を「聴く」技術の方がテクニックとしては上級篇というか、プロの仕事だと思うので、先に「聞く」技術の方から話していこうと思います。

とにかく具体的にいきましょう。

◎聞く技術　お気に召すまま設定篇

まずはセッティングの話から始めましょう。

傷つきやすくなっている雨の日の人の話をきくためには、どういう場面を設定したらいいのかを見ていこうと思います。

使える技術がいくつかあるんですよ。

ちゃんと話をきかなきゃいけないと気になっている相手のことを思い浮かべながら聞い

てもらえたら。

・時間を決めておこう
・場所を決めてもらおう
・並んで座ろう

◎時間を決めておこう

まず、時間を決めましょう。というのは待ち合わせの時間じゃなくて、終わる時間です。何時から何時まで話をするか、大体決まっていると安心して話せる。

皆さん逆だと思っているかもしれません。一般的には終わりなく、長く一緒にいられる方がいろんな話ができるし、その人のまだ見ぬ側面に出会える気がします。

間違いではない。深夜まで杯を交わしていると、本音を語り合えることはあります。

ただ、これは晴れの日限定です。調子がいいときは、しゃべればしゃべるほどこころが交わされていきます。

でも、雨の日には終わりの時間が決まっていないと不安になります。変な雰囲気になったらどうしようと思うし、どのタイミングでしたい話をすればいいかわからない。

それから話しすぎないようにできることも終わりがあることのメリットです。

終わりがないとうっかり本音を言ってしまう。調子がいいときはそれで信頼が深まるんだけど、具合が悪いときには「大変なことを言ってしまった」と後悔してしまうこともあるわけです。

ちゃんと終わりがあることで、言いたかったことを言い、言いたくなかったことを言わないで済ませることが可能になる。コントロールが利きやすい状況を作るのがコツです。

先の見通しがちゃんとわかっていると安心できる。

じゃあどれくらいの時間がいいかというと、やっぱり三十分は短いね。一時間から二時間のあいだがふつうですかね。三時間は長すぎる気がするな。

でもね、これは相手に決めてもらうといいんですよ。「何時くらいまでの予定にしておこうか？」って聞く。

そうすると、相手なりの安全に話せそうな時間を言ってくるはずです。

これがコツです。相手に決めてもらおう。

◎場所を決めてもらおう

さて、どこで話すかも相手に決めてもらいましょう。

どこで会うかってめっちゃ本質的でしょう。昼の公園で会うか、夜のバーで会うかで、すべてが変わってくるわけですよ。

具体的に言うと、個室だとほかの人に聞かれないで深い話ができるという安心感もあるけど、同時に二人っきりだから、何を言われるかわからないっていう危険もあります。

これに対して、周りに人がたくさんいる場所は、聞かれている感じがするので、深い話をしにくい。でも、だからこそ変な話にならない安心感があります。そのおかげで言いにくいことを少し言えるかもしれません。

余談ですが、バーというのはその辺絶妙ですよね。二人きりの話をできるように見えて、実はバーテンダーがおかしな話になりすぎないように耳をそばだてている。

でも、恋する二人はそういうのが見えなくなるのがまた面白い。以前、バーに行ったら、中年カップルが愛をめぐって大激論を交わしていて、ほかの客全員と一緒に僕も耳を澄ませたことがありました。世界は素晴らしいなぁ、と思いましたよ。

いずれにせよ、どの場所にも一長一短があり、かつ人によって受け止め方が違う。雨の日にはなおさらです。何に不安を感じるかは人それぞれです。

だから、相手に決めてもらうといい。河原に行くか、喫茶店で話をするか、こちらからいくつか案を提示して、好きなところを選んでもらう。どういうレベルの関係性をもつかを相手にコントロールしてもらいましょう。

聞くのは、ケアが目的であって、探偵することが目的じゃないので、話を根掘り葉掘り聞きだす必要がないんですよ。本心を絶対に話してもらおうと意気込む必要がない。相手が話せること・話したいことを聞くので十分です。
とりあえず会ってみたけど、いやな思いをしなかった、というのが真に大事なことです。傷つけないことがケアなのですから。

◎並んで座ろう

あとですね、聞くには横並びがいいような気がしますね。並んで散歩しながら話をするときって、自由に話しやすいですよね。さっきのバーとかも横の力をフル活用している場所だし、旅行の帰り道になぜ人が仲良くなってしまうかっていうと、電車で隣に座ってるからですね。

逆に机を挟んで向き合って話すのって結構大変なんですよね。かしこまった感じがしますから、言いたいことを言いにくい。

目が合うというのは怖いことなのだと思います。目が合わないと、こころは自由で、安全でいられる。

でもね、ちゃんと相手に伝えたいことがあるなら、そういうときは向き合って話した方がいいです。

見つめ合うことによって敵意が芽生えることもあるけど、深い信頼が生まれることもある。これはケース・バイ・ケースですね。

ですから、座り方も相手に決めてもらったらいいですよ。なんでもかんでも相手に合わせるのが安全です。


ということで、聞くためのセッティングの技術についてお話ししました。

結局、「お気に召すまま」というのが本質です。

選択肢は提示するけど、どうするかは相手に決めてもらう。そうやって相手に決定権がある中でセッティングがなされると、雨の日のこころは話をしやすくなります。

◎聞く技術　言葉にこだわらない受け答え篇

次に具体的にどういう受け答えをすれば、聞くことができるのか。

応答の仕方について、いくつか技術を挙げてみようと思います。

- 七色の相槌
- 沈黙に強くなろう
- 返事は遅く
- スルーしたい話ほど勇気を出す

◎七色の相槌

一番小手先なやつからいきますね。七色の相槌《あいづち》。

『プロカウンセラーの聞く技術』という名著にも「まず相づちの種類を豊かに」とあります。七つぐらい準備しておくといいらしい。

たとえば、こんな感じ。

「うん」「はい」「そうか」「なるほど」「やっぱり」

五個しか出てこなかった（笑）、おかしいな。

でも、五個でも十分ですよね。五色の相槌があると、話聞いている感じが出てくるじゃないですか？

いや、まあ冗談みたいな技術ではあるんですよ。というか、往々にして小手先の技術というのは冗談みたいなものです。

そういう手軽さがいいんですよね。頓服薬《とんぷく》みたいに、いざとなったら使える具体的な小手先があるのは心強いじゃないですか。

ですから、なんでもいいんです。皆さんも七つ準備してみてください。それで小まめに七つ違ったのを使ってみるといい。使い分けをすることそのものが、相手の話をちゃんと聞いて、しっかり反応することにつながります。

◎沈黙に強くなろう

二つ目は本質的です。「沈黙に強くなろう」。

みんな沈黙に弱いんですよ。間ができると、魔が差すとでも思っているかのようです。

慌てて、言葉を継ぎ足ししてしまうんですね。これは場を気まずくさせないためにはいいのかもしれないけれど、聞くためにはよくない。

雨の日って、ペースが遅くなるんですよ。

苦しい気持ちは言葉になるのに時間がかかる。

だから、待つ必要があるんです。新しい話題にポンポンと移っていってしまうと、つらいときには話ができなくなってしまう。

変な間ができたら、待つ。

気まずいとか思わないでいい。目が合うと気まずさが増すから、斜め上の天井とかをぼんやりと見ているといいです。そうすると、相手の方からしゃべってくれるものです。

理論的には、これがコンテイニングなんですよ。

「気まずい」と感じていること自体がコミュニケーションです。話しにくいことがある、言葉になりにくいことがある、という不安を伝えているわけです。だから、その不安をぐっと我慢する。何がそんなに不安なんだろうって考えておく。その間に、こころが少しずつ消化されて、言葉になっていく。

沈黙は金。でも、そんなに難しくないから、安い金です。ただしゃべらなきゃいいだけ。

それだけで相手の話を、今よりもずっと聞けるようになりますよ。

でも、五分くらい沈黙が続いたら、ちゃんとしゃべりましょうね（笑）。

それはそれでケアです。相手としてはしゃべってもらった方が気が楽なときもありますから。「気まずい沈黙だったね」とか言ってみたりしてもいいかもね。ケース・バイ・ケースなんですよ。雰囲気を見て考えましょう。

◎返事は遅く

「沈黙に強くなろう」の応用技術として、「返事は遅く」があります。

僕はこういう授業で質問をされたら、ポンポン答えを返していますし、普段の会話だと返事早いんですよ。メールとかも超早いと思います。即レス男です。中国代表の卓球選手みたいにバンバン打ち返していく。

でもね、カウンセリングのときは、返事が遅いです。相手の話を聞いて、しばし考えてから、返事をする。相手の発言と自分の発言の間に、「……」が挟まります。

この「……」が大事なんです。

その時間に僕は相手の言っていることを牛みたいに反芻《はんすう》して、消化しています。牧草をハムハムして、相手の気持ちについて考えている。そのうえで、質問しようか、僕の意見を伝えようか、あるいはそのまま沈黙しようか、応答を考えています。もし、何か言葉をかけると決めたなら、どのような言葉遣いにするかを吟味しています。

傷つけないような言葉を慎重に選びましょう。

たとえばね、相手が苛立《いらだ》ってたとするでしょ。

そのとき、卓球選手みたいな反射神経で、「俺にムカついてるんでしょ？」って返したら、もっとムカついてきますよね。夫婦喧嘩《げんか》でよくあるパターンです。売り言葉に買い言葉で、ピンポン玉が往復すればするほど、どんどん憎しみが大きくなっていきます。

だから、ピンポン玉を即座に打ち返すのではなく、一度キャッチして、布でごしごし拭いて、息を吹きかけて、水でも飲んで、気分が落ち着いたところで、サーブをする。

「なんか……うーん、あのときのことで、やっぱりちょっと嫌な気持ちさせちゃった？」

ほら、こういう風に言うとだいぶ違いますよね。

雨の日には人は傷つきやすくなるわけだから、傷つけない言葉を選んでいることそのものが、相手のこころを考えていることにほかなりません。

返事は遅く。ナマケモノがノロノロ卓球しているみたいな感じで、会話をしてみよう。

◎スルーしたい話ほど勇気を出す

最後に、聞く技術の中では一番難しいやつを紹介しようと思います。

スルーしたい話ほど勇気を出す。これです。

どういうことかというと、会話してて、「ん？」って思うような一言が挟まることってあるじゃないですか？　話の本筋には影響ないから、そのまま流れていっちゃうんだけど、でも違和感のある言葉がぼそっとつぶやかれることがある。

たとえば、子どもと「新しい筆箱を買いに行こうね。何色がいいかな」と話をしていて、「青はカッコいい」「茶色はおしゃれだよね」「でも、ベーシックなのは黒かな」みたい話をしている中で、子どもがぼそっと「使わないかもしれないけどね」とつぶやいたら、「？」ってなります。ただ、子どもが「でもやっぱり黒かなぁ」と話を戻したら、そのまま流してしまいますよね。

この「？」をスルーしないようにする。

いや、スルーしたくなるんですよ。なんだか触れにくいし、触れたらややこしい話になりそうだし。でもね、勇気を出して、触れるんです。

触れるとは言及するということです。言葉はシンプルでいい。「え、筆箱使わないかもしれないの？」みたいな感じ。

そうすると、本当は学校に行きたくない気持ちが語られるかもしれないし、友達とうまくいっていない話が語られるかもしれない。

もちろん、何も語られないかもしれない。子どもはスルーを続けるかもしれないですよね。それはそれでいいんです。まだ話したくないのでしょう。

そうだとしても、「?:」と思うような一言を、無視しない親であることは相手に伝わります。ややこしい話から逃げない勇気が伝わる。すると、子どもも次のときには勇気を出してちゃんと話してくれるかもしれない。

「?:」の感覚が大事です。あなたはかすかなヒントを受け取っている。だったら、勇気を出して、相手に聞いてみよう。

「どういうこと?」

以上が、受け答えの技術になります。本質は「何を答えるか」ではなく、「いかに受けるか」にあります。

受け答えで何を言うかは、「聞く」にとっては大きな問題ではないってことですね。

大切なのはあふれているゼリーをできるかぎり拾い集めることです。要点だけを追っていくのではなく、無限に散らばる「?:」をかき集めていきましょう。

「聴く技術」、こちらは上級篇

◎聴く技術　矛盾とリスクあふれるプロテクニック篇

さて、ここからは上級篇になります。聴く技術に移りましょう。

どうやったら人のこころの裏に隠されている気持ちを聴くことができるのでしょうか？

読心術とは少し違います。むしろ発掘作業に似ています。

つまり、深いところにあるままでこころを読み取るのではなく、深いところにあったこころを地表にまで掘り出してくるイメージ。


ですから、ちょっと危険なんですよ。地下水が湧いてくるかもしれないし、爆弾が埋まっているかもしれない。

そういう意味で、ここからの話は専門家が普段行っていることに重なってきます。

その中でも、素人でも使える雨の日の技術を少しばかりお教えしようと思います。

ポイントは矛盾です。

地中に埋まっているもうひとつのこころを聴くには、相手の話に宿る矛盾に注目する必要がある。

そのための比較的安全で地道な技術をいくつかお教えしようと思います。

・覚えておこう
・空気にこだわる
・「わからない、もうちょっと教えて」と言ってみよう
・「○○な気持ちもあるけど、△△な気持ちもあるのかな」
・自分たちの関係性について話してみよう

◎覚えておこう

まずは「相手の話を覚えておこう」。

というのも、話の矛盾に気がつくためには、今までの相手の話を覚えておく必要があるからです。

たとえば、音楽大好きっていつも話していた人が、「ピアノ嫌いなんだよね」って言ったら、何かあるなって思うじゃないですか。そこにはどうやら、音楽に対する矛盾がある。つまり、愛と憎しみの両方がある。

ですから、「音楽好きなのに、ピアノは嫌いって、不思議な気がするんだけど、どういうこと?」と聞いてみる。

すると、音楽が好きなのは親がピアニストだった影響で、でも彼自身にはピアノの才能はなかったという切ない話が始まるかもしれません。

誰にでも深い話がある。

こころが二つあって、それらが矛盾し、葛藤《かっとう》していることが見えるとき、僕らは相手の深さを聴いていると言えます。

でも、そうやって矛盾に気がつくためには、とにもかくにも相手の話を覚えていないといけないですよね。

前に言ってたことと違う、と気づいたときに、僕らは相手のもうひとつのこころに一瞬触れています。

そのためにも大量に話を「聞く」必要がある。それを覚えていることが「聴く」を可能にします。

◎空気にこだわる

次は「空気にこだわる」。

これは前回お話しした「印象」の話です。

誰かと会ったときに、空気ピリついてるなとか、なんか今日ちょっと元気ないなとか、いろいろ思う。このとき、あなたはこころのゼリーを受け取っています。

でね、ピリピリしている人がピリピリした内容の話を始めたら、それを「聞く」ので十分です。言葉と印象が一致しているときにはそれでいい。

でもね、ピリピリした人が楽しい話を始める場合があるわけです。ディズニーランドに子どもと行った話をして、話しているうちに楽しい雰囲気になっていく。このとき、ふつうは最初のピリピリを忘れちゃうじゃないですか？

これを覚えておくんです。そうすると「聴く」が可能になる。相手の中の楽しいこころだけが前に出てるけど、後ろにピリピリしたこころがあることを忘れない。

そこで、唐突に質問をしてみるわけですよ。

「すごい楽しげな話をしゃべってるけど、最初はピリピリした感じもあったように思うが、僕の思い過ごしかな？」

そしたら、「実は……」って話し始めるかもしれないですよね。

これもまた矛盾を見逃さないテクニックですね。

雨の日には苦しいことを話しにくくなる。ピリピリしたこころは言葉にならず、印象だけが伝わってくる（これがPSのやりとりでしたね）。

ですから、印象と言葉のあいだに乖離《かいり》があることに気づいておけると、言葉になってないもうひとつのこころに触れることができる。

些細《ささい》な空気にこだわりましょう。

◎「わからない、もうちょっと教えて」と言ってみよう

ここからは具体的な応答の話をしていこうと思います。まずは比較的やりやすい技術から。

「わからない、もうちょっと教えて」と言ってみよう。

たとえばね、話がすごい抽象的なときあるでしょ？「この前の会議、大丈夫だった？」って聞いても、「もう超大変だった、疲れたー」みたいにしか言わない。

これじゃあよくわからないんですよ。

「大変」と「疲れた」ではまったく中身がわかんないわけですよ。だから、「どういうことなのか、もうちょっと教えて」って聞いてみる。

あるいは、目の前で泣いているんだけど、話の内容からはなぜ泣いているのかわからない。こういうときに勇気を出して聞くんですよ。

「どういう気持ちが涙になってるの？」

言葉は語られている。でも、気持ちがよくわからない。

そういうときに率直に「ごめん、まだどういう気持ちだったかわからない、もうちょっと教えて」と聞いてみましょう。

これは勇気がいるんですね。こっちがわかっていないことを伝えているわけだから。僕らは円滑なコミュニケーションを求めて、ついつい「わかったふり」をしがちです。

でも、「わからない」とちゃんと言う。そうすると、二人で「わかる」ための対話をし始めることができます。

もちろん、そのうえでも納得のいく答えが返ってこないことも多いです。何度でも繰り返しますが、雨の日にはこころは言葉になりにくい。でもね、そのときに「わかる」こともある。

相手が自分でもよくわからない気持ちを抱えていることや、つらすぎて言葉にできない傷つきがあることが「わかる」。

だから、「言葉にならない気持ちがあるんだね」と二人でシェアしておく。これが次にはもう少し深い話をできる安心感につながるかもしれません。

◎「○○な気持ちもあるけど、△△な気持ちもあるのかな」

次に、これも小手先の応答技術なんですけど、話の中で矛盾があからさまになったときは、それを言っておくといいですね。

「ムカつく気持ちもあるけど、感謝の気持ちもあるのかな」とか、「スッキリしてもいるけど、後悔もあるみたいだね」って。

これはね、結構いいですよ。聞くも聴くもしてますよ、というメッセージになるし、ご本人の中でもこころが整理されます。

うまくいくと、その二つの気持ちのあいだにある葛藤をさらに話すことができるかもしれません。

まあだから、これも覚えておくことの一種なんですよね。

深い気持ちを掘り出すというよりは、そこにあったものをあったとお互いに覚えておく。それが聴くということです。

◎自分たちの関係性について話してみよう

最後に、聴く技術の一番難しいやつを紹介しましょう。

自分たちの関係性について話してみよう。これは最高難易度のプロの技です。

たとえばですよ、恋愛相談を受けているうちに徐々に相手が自分に対して恋愛的な好意を向けていることを感じるようになったら尋ねてみる。

「私のことを好きになってて、困っていない？」

破壊力あるでしょ？　関係が一気に緊迫します。

あるいは、母親の介護をしていて、相手がイライラし始めているのがわかったときに、「俺に怒ってるんだと思うけど、どんなこと考えてるの？」と尋ねてみる。これも緊迫しますね。

なんでもいいんです。好きでも嫌いでも、尊敬でも軽蔑でも、目の前の関係性に宿っている気持ちについて話してみる。

緊迫は悪いことではない。

それだけ真剣な気持ちが交わされているからです。ただ、同時に危険な会話になることも事実です。でも、それが「聴く」ということだと思うんですね。

深い部分で他者とかかわる。それは危険なことでもあるんだけど、だからこそ深く受け止められたということでもある。聴くは毒にも薬にもなる。

実は今話しているのは、精神分析における転移分析というプロの技です。今日の最初の方でお話しした転移について話し合って、そこにある呪いを「わかる」ための技術です。

ただ、これは誰もが恋愛のときにしていることでもあるんですね。

恋愛中のカップルって、ずっと二人の関係について話をしていますよね。自分のことを好きか嫌いか、自分のことをどれくらい大切にしているか、していないか。

危険な話です。二人のあいだの亀裂《きれつ》が可視化されて、大喧嘩になりかねない。ひどい傷つきが発生するリスクがある。でも、こういう話をうまくできると、二人の関係は深くなっていきます。

逆に言うと、そういう話ができなくなると、こころは離れていっちゃうんですよ。

というわけで、聞く技術がリスクを下げるための方法だったとすると、聴く技術はリスクを上げるための方法でした。

危ない分だけ、本当の話をしようということなので、くれぐれも使用には気を付けてください。原則としては、相手の状態がよければチャレンジしてみてもいいけれど、悪いときには禁忌ですね。

◎最終奥義は「また話そう」

いろいろな技術のお話をしてきました。簡単にできるものもあれば、できないものもあったと思います。

ですから、最後に、誰にでもできて、かつ最強の「きく技術」をお伝えしようと思います。聞くにも、聴くにも役に立つ最終奥義です。

また話そう。

これに尽きます。

世間的には、「きく」っていうと、いろいろな話題を話せて、本心が伝わってきたときに成功だとされています。もちろん、そういう話し合いができれば最高なのでしょうが、そこを理想形にしてしまうと、きくは苦しくなります。

多くのきくには、はかばかしい成果がないからです。雨の日にはなおさらです。なかなかうまく話ができないんですよ。だから、最初にお話ししたように、きくには無力感が漂う。

でもね、それでいいんです。大事なのはつながっていることだからです。

情報を手に入れることではなく、つながりを作り出すのが「きく」の目標です。


だから、ちょっとしか話ができなくても、「また話そう」でいい。

一時間話す。あまり話せなかった。だったら、来週もう一回話そうぜ。それでいいわけです。

なぜなら、来週までのあいだに、こころは孤独じゃなくなるからです。

なにかあれば、そのとき話すことができる。そういうとき、こころはちゃんとつながりの中に置かれています。


未来の約束があるならば、それまでの間は一人じゃない。


そういう積み重ねでね、聞くが起こり、聴くが生じます。何度も会う中で、少しずつ話題が広がっていきます。その分だけつながりが深くなっていく。

だから、また話そう。これが最終奥義。

今日のまとめ

◎つながりの力

そろそろ時間ですので、まとめましょうか。

今日は「きく」について考えてきました。いろいろな技術の話もしたのですが、本質にあったのはつながりの力です。

きくとは情報収集をする以上に、つながりを築くことに他なりません。こころとこころのあいだに回路ができて、ゼリーのやりとりがなされる。これがきくことの本質です。

ですから、きくはときどき不穏になります。ゼリーがあふれ出すと、つながりは憎しみや絶望に染め上げられることがある。

こういうとき、きくことによって、傷つきが生じてしまう。

これが転移と逆転移でした。

同時に、きくはケアにもなる。

その理由もまたつながりですね。

つながりがあることで、こぼれだしているこころのゼリーをしばし預かり、代わりに消化する。そうやって、こころはちょっとずつ言葉になっていくわけです。

これがコンテイニングでした。

つながりの中に、こころを置いておく。

すると、こころはこころに考えてもらえる。「わかる」が試みられる。

こういう繰り返し自体が、こころを孤独から守ってくれます。

こころのケアのためにまず「きく」がなによりも大事になるのは、そういう理由でした。

ということで、「きく」は「きく」で大変で、途方に暮れてしまうときもあるのですが、そういうときほど相手は助かっていると思いますよ。

これを今日は言いたかった。

次回は「おせっかい」の話をしますね。

「きく」よりももうちょっと積極的なやり方の話です。

苦しんでいる相手のためにやれることって、実はいろいろとあるので、それをお話ししてみようと思います。

おせっかいの仕方を教えてくれる授業ってなかなかないからね、乞《こ》うご期待。

とはいえ、とりあえず、質問タイムとしましょうか。

質問タイム①

質問：相手や自分の状態によって、今は聞かない方がいいのかなと感じるときもあるのですが、「聞かない技術」もありますか？

東畑：聞かない技術、これは確かにあるんですよ。

そして大変重要な技術なんですよね。しゃべればしゃべるほど調子悪くなるとか、悪いことばかり考えちゃうときってあって、そういうときには止める必要がある。

これは高等技術ですが、言葉掛け自体はまったく専門的ではありません。「今は考えないでおこう、とりあえず今日は寝よう」とか「ちょっと今しゃべりすぎちゃってて、つらくなりそうだから落ち着いたときまた話そう」とか、ふつうの声掛けで十分です。

難しいのは「わかる」ですね。話すのをやめた方がいいときと、話をしても大丈夫なときと、これを見極める必要がある。大丈夫なときに、話すのを止められると傷つきますからね。

この辺の塩梅《あんばい》を見極めるのが専門家の非常に重要な仕事なのですが、素人だけでその判断をするなら、指標となるのは「これ以上聞いていられない」という感覚ですね。負担が大きいと感じたときには、「ごめん、今日はいろいろあるから、明日《あした》また話そう」と勇気を出して言ってみましょう。相手も助かる可能性があります。

質問タイム②

質問：相談されたからには、ちゃんと何かしら答えを返さねばならないのではないか、でないと私に相談した意味がないんじゃないか、と思ってしまいます。気の利いたことを言わなきゃなどと考えず、ただ「きく」ためにはどうしたら良いでしょうか。

東畑：これもまた、最終奥義があります。最終奥義が何個もありすぎだろ、と言われちゃいそうだけど、いっぱいあるんです（笑）。

「ちょっと考えとく」

これです。「また話そう」の変法ですね。

いいアドバイスが思い浮かばないときは、その場で無理やり答えようとするんじゃなくて、いったん時間を置くといいんですよ。わからないものはわからないですし、かといって嘘をつくのはよくないですよね。

その場で最終的な答えを出さずに、「すごい大変だったね、ちょっと私も考えてみるから、また次に話そうよ」とか「ちょっと考えてからＬＩＮＥするよ」と約束しましょう。

これ、案外悪くないですよ。逆の立場を想像してください。ちょっと考えさせてって、言われたら、しばらく自分は考えないでよくなりますよね。これは大分、楽です。

このとき処方されているのは延長戦であり、時間です。

相手にとっても、自分にとっても、延長戦にすることで、つながりは持続するし、次に話すまでの間に時間の治癒力が働きます。時間によって案外情勢も変わってくるものですし、そのあいだに第三者の知恵を借りることもできる。

切迫した話については、ゆっくり考えるのが鉄則です。

時間をかけて物事を考えた方が安全だし、結局いい案が出てくるものです。

質問タイム③

質問：相手の気持ちに踏み込むのが怖くて、なかなか深い話を聞けません。自分は冷たい人間なんじゃないかと悩みます。一歩踏み込むにはどうしたらいいでしょうか。

東畑：これ、すごくわかるんですよ。僕も若い頃は人の気持ちに踏み込むのが怖かったです。まず「踏み込む」っていう言葉がね、土足で入り込むみたいなイメージじゃないですか。

でもね、それはちょっと誤解です。

多くの場合、相手も無力じゃないんです。相手は相手なりに防御をしているわけですから、一歩踏み込んだ質問をするのって、トントントンとドアをノックすることです。ドアはまだ開いていない。相手が話してみようと思わないと、中に入れないんですね。

僕の場合は、臨床経験を重ねる中で、ちゃんと相手のこころにはドアが付いているんだという感覚が出てきて、それで勇気を出してノックをできるようになってきました。

ドアを開けたくないときには開けないでいい、という姿勢を見せているのが大事です。すると、とりあえず質問してみることができる。

それは相手のこころの力を信頼することでもあります。

ほとんどの場合、深い話になると、相手が途中でドアを閉めるんですよ。すべてを人は話したいわけじゃないから、途中で「また今度」と閉める。そうやって、出たり入ったりを繰り返すのが、一歩踏み込むことだと思います。

相手にはドアを開けない力がある。これを信じられるようになるといいなぁと思います。人間はめちゃくちゃ弱くなっちゃうときもあるけど、でも案外強いところもあります。これをちょっとずつ知っていくのはケアするうえでは大事なことです。

それにね、相手を傷つけちゃうんじゃないかとビクビクしている時点で、かなり大丈夫なんですよ。あなたは相手のこころをちゃんと考えているわけだから。まずいのはビクビクしていないときですね。そういうときに危険なことが起こりやすいです。

だから、自分のことも相手のことももうちょっと信じられるようになるといいですね。

こういう質問をしている時点で、あなたは冷たい人じゃないと思うな。間違いを犯すことはあるかもしれないけど、でも悪意があるわけじゃない。相手も相手でこころのドアを自ら開く力を持っている。そういう人間への信頼みたいなのが大事だね。

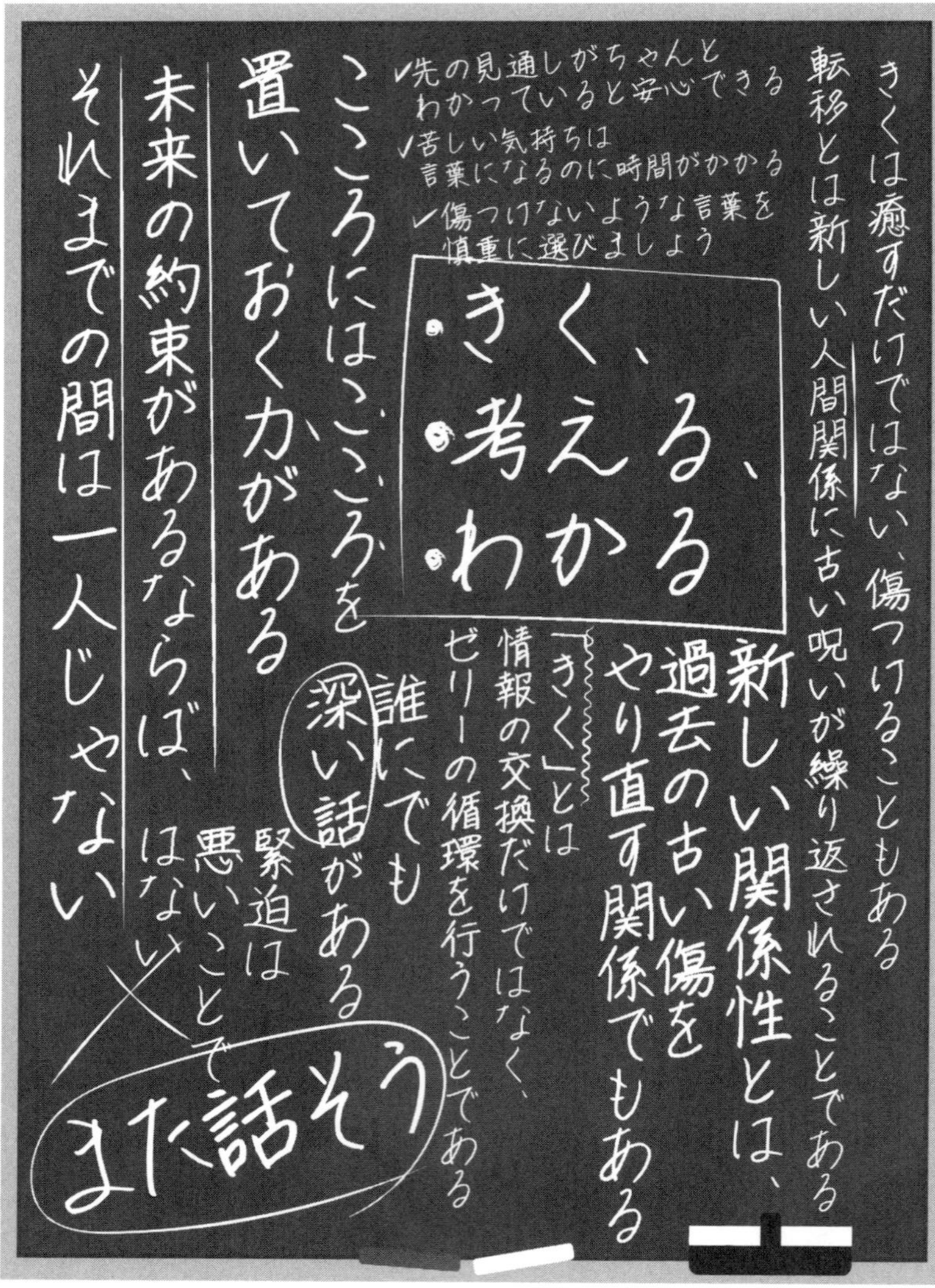

きくは癒すだけではない、傷つけることもある
転移とは新しい人間関係に古い呪いが繰り返されることである
新しい関係性とは、
過去の古い傷を
やり直す関係でもある
✓先の見通しがちゃんとわかっていると安心できる
✓苦しい気持ちは言葉になるのに時間がかかる
✓傷つけないような言葉を慎重に選びましょう
・きく、
・考える、
・わかる
「きく」とは
情報の交換だけではなく、
ゼリーの循環を行うことである
誰にでも
深い話がある
緊迫は
悪いことではない
こころにはこころを
置いておく力がある
未来の約束があるならば、
それまでの間は一人じゃない
また話そう

4日目

こころはなにをすれば助かるのか

――余計なお世話と助かるおせっかい――

人が失意に沈んでいる時には、ただ黙ってそばにいて、その人が一時現実から引きこもることを可能にするような実際的な生活の世話をしてあげることが、何より大切な時期がある。トイレそうじは、そうした時期における実際的な世話の一つと考えられるだろう。

杉原保史「臨床心理士の避難所でのトイレそうじをめぐって」

皆様、こんにちは。楽しい時間はあっという間で、早くも四日目ですよ。

授業的には佳境と言わざるをえません。

ロールプレイングゲームにたとえるならば、魔王のお城に乗り込んでいく局面です。最強の武器と防具を装備して、ラスボス討伐に出かけようとしているところです。

そう、いよいよこころのケアの本丸に突入します。

おせっかい。

つまり、こころのケアのために、僕らにできる具体的な手助けとは何か？

これこそがこの授業のラスボス的問題になります。


そこで、まずは「なぜおせっかいがラスボスであるのか？」を説明するところから始めましょう。

僕らがいかにおせっかいを苦手としているのかについてのお話です。

◎おせっかいは魔王である

さきほど今日の授業を「魔王のお城に乗り込む」とたとえたのですが、これ実は結構深い比喩《ひゆ》だったような気がしてきました。

おせっかいの本質と現在をうまく言い表しているからです。

本質というのは、おせっかいには他人のお城にズカズカと乗り込んでいく側面があることです。

現在というのは、おせっかいが今、魔王的に嫌われていることです。

どういうことか？


実は僕もおせっかいされるのが苦手です。魔王的に苦手。

以前、カウンセリングルームの上の階に住んでいたおばあさんが、果物のおすそわけをしにきてくれたことがあったんです。

果物自体はうれしいんですけど、問題はクライエントが来ている時間にピンポンを鳴らされたことです。

困るんですよね。こっちの都合も考えてほしい。

それで「勘弁してくれー」と正直思って、冷たい態度をとってしまいました。器が小さいね。善意のおせっかいであるのはわかっているけど、勝手なことをしないでくれよ、俺の事情も考えてよ、とどうしても思っちゃう。


僕だけじゃないはずです。あなたもそうなんじゃないですか？

最近、企業の管理職の人向けの研修の仕事をすることがときどきあります。そのときに、よく相談されるのが「部下のケアをしたいんだけど、ハラスメントになることが怖いから手出しがしにくい」という悩みです。

おせっかいのハードルが高くなっている。

部下のことを心配しているから、声をかけたり、手助けをしたりしたいんだけど、それが相手のお城に無断で立ち入ることになって、かえって傷つけてしまう。そういう恐れが会社に充満している。いや、会社に限らず、僕らの社会に満ち溢《あふ》れている。

◎個人主義はおせっかいが苦手

昔と違うんですよ。

村社会(昔の会社は村みたいなものです)だったら、お互いがお互いのことをよく知っていて(これが初回に話した熟知性でした)、「助かるおせっかい」が自然に行き交っていたのだけど、今ではそれが「余計なお世話」になりやすい。

すると、上司は手出しを控えるようになり、部下は孤独になっちゃう。そのことでお互いのことが余計にわからなくなるから、上司も部下も疑心暗鬼になり、お互いに触れられなくなり、問題は深刻化していく。

社会が個人主義的になっているからです。

自分のことは自分で決める。個人の範疇《はんちゅう》に他者に立ち入ってほしくない。

個人主義は自由がいいところなんですけど、孤独になりやすいのが切ないところです。

僕らは今、他者を遠ざける時代を生きています。みんながみんな自分のお城に立てこもっていて、そこに乗り込んでくるおせっかいを「余計なお世話」だと思いやすい。


これが問題です。

人と人とが重なることで、傷つきが発生しやすくなりました。

雨の日にはなおさらです。

具合が悪くなると、他者が怖くなります。ですから、他者からの立ち入ったおせっかいが嫌なこととして体験されやすくなる。


おせっかいが現代のラスボスなのはそのせいです。

人と人とが遠く離れる時代に、いかにすれば他者のこころを助けることができるのか？

どうしたら「余計なお世話」にならずに、「助かるおせっかい」になるのか？

こころは何をすれば助かり、何をすると余計に困ってしまうのか？

こういうことを、今日は考えていこうと思います。

そのためにまずはおせっかいの本質を明らかにしたうえで、ウィニコットという人が考えた「ほどよい母親」理論のお話をします。そして、最後に具体的なおせっかいの技術をお教えしていこうと思います。

魔王のお城に乗り込んでいくみたいに、下の階の気難しい心理士を傷つけないように果物を届けに行く。

そのためのやり方を考えていきましょう。

ということで、今日のメニューはこんな感じ。

①おせっかいとは何か?
②こころが助かるときに何が起きているのか?（ほどよい母親について）
③こころは具体的に何をすれば助かるのか?（おせっかいの技術について）

助かるおせっかいとは何か

◎「きく」が余計なお世話になるとき

さて、思い出してほしいのは、こころのケアのためには二つの方法があって、そのひとつが「きく」であり、もうひとつが「おせっかい」であったことです。

この二つの違いを、最初に押さえておきましょう。


そのためにピッタリなのが、今日のエピグラフです。

これはマニアックなところから取ってきました。一九九五年の阪神淡路大震災《はんしんあわじ》のときに、被災地でこころのケアを行っていた心理士たちが発行していたニュースレターからの引用です。

そのある号で、杉原保史《すぎはらやすし》さんという大先輩心理士が「トイレそうじがケアになる」と書いている。

これ、おせっかいの本質を言い当てていると思うのですが、実を言えば当時としてはめちゃめちゃラディカルなことを言っているんです。

というのも、杉原さんは臨床心理学の大御所たちに喧嘩《けんか》を売って、「きく」ではなく「おせっかい」こそがケアになるのだと主張しているからです。

ここに「きく」と「おせっかい」の関係がよく表れているので、詳しく説明をさせてください。


地震が起きた直後から、心理士たちは被災地へと向かい、支援をはじめました。

最初、彼らは被災者たちの傷つきを「きく」ことが支援になると思っていました。

前回、河合隼雄の「なにもしないことに全力を注ぐ」という言葉を紹介したように、当時の臨床心理学では「きく」こそが専門家の仕事だと思われていたからです（とりわけ「聴く」です）。

でもね、これが大失敗するんです。

話をきこうとすると、被災者の方々から、「土足でこころに踏み込まないでほしい」「余計なお世話です」と拒絶されてしまった。「あなた、臨床心理士じゃないでしょうね？」と言われた心理士までいたらしいです。

それくらい被災地での「きく」は評判が悪かった。

でも、わかるんですよ。そりゃそうです。

家族を失い、家を失い、日常がまだ戻ってきていない状態で、よそから来た人に「話をききます」と言われたら、ほっといてくれって思いますよね。

「きく」が余計なお世話になり、かえって相手を傷つけてしまう。

そういう現実に当時の心理士たちは遭遇しました。

◎トイレそうじがこころのケアという発見

さて、大事なのはここからです。

心理士たちは茫然《ぼうぜん》と立ち尽くしました。

自分たちはこころのケアをするつもりだったのに、結局こころを傷つけることになってしまった。訓練してきた専門的な「きく」が通用しない。どうしたらいいんだ。

でも、目の前には傷ついている人がいる。ケアを必要としている人がいる。

そこで、彼らは今までやったことのないことをはじめます。

こころを「きく」ことではなく、マッサージをしたり、水を汲《く》みに行ったり、そして避難所のトイレそうじをするなどの、具体的な手助けをしはじめた。

専門家であることにこだわらず、とにかく目の前の被災者が現実的に必要としていることをする。素人でもできるような、ふつうの「おせっかい」をするようになった。


でもね、これが当時、紛糾するんですよ。

臨床心理学の偉い人たちから、クレームが入りました。

こころの専門家がトイレそうじなんかしてちゃダメだ、世間から、トイレそうじをする仕事だと思われるじゃないか。

現場を知らない会議室からの不条理な物言いです。これに杉原さんは怒る。

さきほどのエピグラフはそれへの反論なんですよ。

若い心理士が大御所たちに向かって独立宣言をしている。


トイレそうじがこころのケアになる。

話をきくよりも前に、おせっかいをしなくちゃダメなんだ。こころを整理する前に、まずは生活を整え、体をケアする必要がある。それがこころのケアなのだ。

トイレのケアはこころのケアでもある。


熱いよね。そして、深い。

目の前のニーズに応《こた》えることが助かるおせっかいであり、ニーズ以外のものを押し付ける（この場合「きく」）のが余計なお世話になる。

当時の心理士たちは、即物的で現実的なおせっかいに、こころのケアの本質を見出《みいだ》したということです。

◎きくとおせっかい

整理しておきましょう。

こころのケアには「きく」と「おせっかい」の二つの方法がある。

もちろん併用してもいいのですが、それぞれは実は正反対の方向を向いています。

きくは内面の変化を、おせっかいは環境の変化を目指している。

つまり、きくはその人のこころが変わっていくことを狙っていて、おせっかいはその人を取り巻く状況を変えていくことを狙っています。

「きく」が直接的に狙っているのは、ご本人の傷が癒《いや》されたり、感じ方が変わったり、考え方が整理されたり、ゆるまったりすることです。

きくことによってこころの重荷を預かり、こころの色彩を変化させるのが目的です。これは前回お話しした通りですね。

でもね、内面の変化というのは悲惨な状況に置かれているときには無理な要求になってしまいます。

大震災で家を失ったばかりの方に、「感じ方を変えましょう」というのは暴力になりますよね。もちろん、いつかはこころの整理も必要かもしれないけれど、今すぐではない。

必要とされているのは環境の変化です。

水がなければ水を運ぶ。トイレが汚れているならそうじをする。あるいは安全に家族でいられる仮設住宅への引っ越しを手伝う。

こころの外側を整えることがおせっかい。

震災に限りません。

暴力を振るわれているなら、割って入って暴力を止める。

お金がないなら、給付金の申請を手伝ってあげる。

お腹が減っているなら、食事をふるまう。

即物的なおせっかいがこころのケアになる。


以上をまとめると次のようになる。

①ニーズを満たすのが助かるおせっかい、ニーズ以外のものを押し付けるのは余計なお世話。
②環境を変えるのが助かるおせっかい、本人を変えようとするのは余計なお世話。

おせっかいにはこの二つの軸がある。

ひとまずそのように押さえたうえで、次に理論的な話に移りましょう。

環境とこころはいかなる関係にあるのか、おせっかいが行われるとき、こころには何が起きているのか、良きおせっかいとはなにか、これらを説明してくれるのがウィニコットの「ほどよい母親」理論です。

こころが助かるときに起きていること

◎環境の心理学

ウィニコットという人も精神分析家で、メラニー・クラインの弟子です。ただ彼はビオンと違って、破門気味だったみたいですね。正統派というよりかは、隅っこの方に行っちゃう人なんでしょうね。

実際、妖精《ようせい》みたいにふわふわと漂っているようなふしぎな雰囲気の人だったみたいで、彼の理論もまた「ふしぎ」に満たされています。こころに潜むふしぎをそのまま取り出してくることができる理論家がウィニコットです。

ポイントはウィニコットが小児精神科医、つまり子どもの治療をしている人だったことです。必ず親と子どもをセットで見ていた人だったということですね。

ほら、子どもが一人で「予約取れますか？」と病院に電話してこないじゃないですか。「最近眠れなくて、それで幼稚園の昼寝の時間がつらいです」とかって電話口で言われたら、受付としてはぎょっとします。

自分で申し込みをしなきゃいけないなんて、どんなつらい環境で育ってるんだと思ってしまう。

基本的には子どもは保護者と一緒に病院にやってきます。

ですから、ウィニコットは子どものこころだけを見るのではなく、子どもの「環境」も同時に見ることになりました。

つまり、親子がどのようなコミュニケーションをしているのかを見て、「ああ、この子はこういう環境にいるから、こんな風になってるんだ」と理解するのが仕事だったということです。

こういうことの積み重ねから、ウィニコットは環境とこころの関係性について考え、「ほどよい母親」理論を作り出しました。

それはつまり、良い環境とは何か、いかなるおせっかいが良いのかについての理論です。おせっかいの深層を見ていくことにしましょう。

◎ちゃんとケアされているときほど、気がつかない

さて、ウィニコットが次のような名セリフを残しています。

ひとりの赤ん坊などというものはいない。

謎めいた言葉なのですが、よくよく考えると実際そうなんですよ。

赤ちゃんがひとりでいることってほとんどない。短時間ならあるかもしれないけど、長時間ひとりにされたら、死んじゃいます。ときどきそういう事故が報道されますよね。

赤ちゃんは常に面倒を見てもらう必要があります。必ず誰かと一緒にいて、ケアを受け続けているということです。

ただ、面白いのは、そのとき当の赤ちゃん自身がどう思っているのかについて、ウィニコットが次のように考えていることです。

母親は存在しない。

ウィニコットの真骨頂であるふしぎが発揮されています。ついてきてください。

客観的には赤ちゃんは常に母親と一緒にいる。

それなのに、赤ちゃんにとって「母親は存在しない」。

外から見たら二人でいるのに、赤ちゃん自身は自分一人でいると感じている。

これはつまり、ケアがうまくいっているときには、人はケアされていることに気がつかないということです。

ここが「環境」というものの面白いところです。

たとえば、今、あなたの部屋には灯《あか》りがついていて、おかげで文章を読めているわけですが、このとき発電所のことなんか考えていないですよね？

発電所の人は僕らの生活をケアしてくれているけど、僕らは普段発電所のことを忘れています。発電所のことを思い出すのは、停電したときだけです。

環境はうまくいっているときには忘れられて、失敗したときにだけ思い出される。

親というものが、子どもからあんまり感謝されないのはそのせいです。

逆に言うと、感謝されないということは、ちゃんとケアができているということなんです。

夕食のたびに、子どもが「今日も夕飯を作ってくださって本当にうれしいです。食べログだったら五つ星ですよ」みたいなことを言っていたとするなら、かなりやばい親子関係だと思いませんか？

この逆説が大事です。

良い環境とは、それが存在していることに気づかれない環境のことです。

そのとき、こころに何が起きているのか？

これをウィニコットは「本当の自己と偽りの自己」という言葉で語っています。

◎ケアされているとき、本当の自己になる

ちゃんとケアがなされている環境では、人は「本当の自己」でいられるのだとウィニコットは言います。

ただし、ここで言う「本当の自己」とは、世間一般で言う「本当の自分」とはちょっと違う。

「本当の自分」というと、就職活動で「私は本当は何やりたいんだろうか」と悩んだり、日々の暮らしで「俺ってこうやって生きてていいんだっけ」みたいに問い直したりするときのことを思い浮かべるかもしれませんが、ウィニコットの「本当の自己」はそうじゃない。

ニーズが満たされてボエーっとしてるときの自分が「本当の自己」である。

たとえば、温泉に行くと、おじいさんがボエーっとしてるじゃないですか。あれが本当の自己です。

あるいは、冬の大雪の日に暖房の効いた車で駅まで送ってもらっているとき、助手席でボエーっと街並みを見ているのが、本当の自己です。ちなみに、運転している人がボエーっとすると本当の事故になります。

というのは、余計なダジャレです。

でも、こういうダジャレを言っちゃうのも本当の自己の特徴です。僕はボエーっとして

油断しています。僕は皆さんにケアされているから、「つまんないよ！」と思われるんじゃないかと心配しないで済んでいる。

ですから、ちゃんとケアされているときには、ケアされていることを忘れてしまうわけです。

ボエーっとした本当の自己は、周りを気にせず、自分だけの世界にいます。

ニーズが満たされるとは、ニーズがあったこと自体を忘れることであるわけです。

だからね、皆さんも「本当の自己」になりたいなら、自分を探しにインドに行くよりも、近隣の温泉に行かれることをお勧めします。

◎偽りの自己

それでは、偽りの自己とは何か。

それはニーズが満たされなくなったときに、現れるものです。

さきほど、今みたいに電気が使えているときには、発電所のことを考えず、僕らが発電所のことを思い出すのは、停電になったときだという話をしましたね。

あるいは、毎日洗濯物が畳まれてタンスに入っているのが当然だったのに、親が風邪で倒れて、ある日タンスに服がないことを発見すると、親がそれをやってくれていたんだと気がつくという例を挙げてもいい。

こういう瞬間をウィニコットは「環境の失敗」と呼んでいて、そのときに偽りの自己が出現する。

というのも、環境が失敗しているとき、つまりニーズが満たされていないとき、僕らは自分を変化させざるをえなくなるからです。

停電が続いて、暖房が止まり続けていたなら、押し入れから毛布を引っ張り出してきて、それにくるまります。寒いからね。

同じように、タンスに洋服が入ってなかったら、自分で洗濯をして、畳むことをはじめます。

環境がニーズを満たすのではなく、自分で自分のニーズを満たす。

いやそれだけじゃない。

このとき、より深い変化が起きています。

環境が失敗したとき、僕らは環境のためのケアをはじめる。

たとえば、さきほどの例で言うならば、風邪で倒れている親をケアすることをはじめるのがそれです。

環境に一方的にケアされていたところから、逆に環境のケアをはじめる。

最近の人類はそんな感じかもしれないですね。ほら、人間は無自覚に地球とか自然のお世話になってきたけど、最近は気候変動に直面して、つまり文字通り「環境の失敗」を前にして、地球のケアをしようとしはじめている。

このとき、作り出されているのが「偽りの自己」です。

環境の失敗が起こって、「本当の自己」でいられなくなったときに、僕らは環境に合わせ、環境をケアする「偽りの自己」をこしらえる。

◎環境は必ず失敗する

ですから、「偽りの自己」というと、なんか悪いもののように聞こえるかもしれないけど、ある程度ならば健康的なものです。

温泉でボエーっとしている自分だけでは、世の中を渡っていけないからです。

職場も学校も家庭も、温泉じゃありません。そこには無限に環境の失敗があります。つまり、自分のニーズを満たしてもらえない局面がある。

そういう機会に、僕らは自分で自分のことをするようになり、周りへの気遣いをするようになっていきます。

これを世間では「大人になる」と言ったりします。

でもね、環境の失敗が長く続くと人は死んでしまいます。ミルクを与えられない時間が長く続けば赤ちゃんは死んでしまうし、夏に電気が止まれば冷房をつけられなくて生命は危機に陥ります。

体だけじゃない。こころもそうです。

環境の失敗が続き、偽りの自己しかなくなってしまうと、こころは死んでしまう。ときどき、ものすごくできるビジネスマンで、物腰も柔らかいし、配慮や気遣いにあふれているのだけど、しゃべっているとこちらが酸欠になったように息苦しくなる人っていませんか？

こういう人のこころは偽りの自己にがっちりと固められています。だからこそ、ケア上手ではある。でも、周囲は（そしてご本人も）こころを感じられなくなっているわけです。鉄の鎧《よろい》を着こんでいるようなものだ。

そういう人の人生を伺っていると、小さい頃に環境の失敗が続いていて（ネグレクトされたり、暴力があったり）、それで早くから偽りの自己で自分を塗り固めなきゃいけなかったことがわかります。

程度問題です。

本当の自己も偽りの自己もいい塩梅《あんばい》で両方あるのがいい。

自分らしさとは、本当の自己と偽りの自己との間で揺れていることである。

偽りの自己の隙間から一瞬本当の自己が顔を出すときに、「彼らしいね」とか「彼女っぽいよね」って思うじゃないですか？

逆に言えば、ずっと本当の自己でいても、「彼らしいね」とはならない。温泉では人は無個性になることを思い出すといいです。

◎パーフェクトでない、ほどよい母親

以上を踏まえると、ふしぎな結論が出てきます。

完璧《かんぺき》な環境よりも、ときどき失敗する環境の方がよい。

これをウィニコットは「ほどよい母親」と呼びます（例によって「母親」という用語になっていますが、ようは養育者のことです）。

英語にするとグッドイナフマザー。

いいでしょ？　パーフェクトマザーじゃないのがいい。

ほどよい母親というのは、基本的にはニーズを満たしているんだけど、ときどき失敗するお母さんのことです。皆さんと同じだし、僕と同じです。ときどき寝坊したり、うっか

り予定を忘れたりする。

しかし、ほどよい母親は失敗したらやり直します。寝坊したら大慌てでお弁当を作り、次の日は寝坊しないように目覚ましをかける。うっかり予定を忘れないようにメモを冷蔵庫に貼り付ける。

失敗してしまったケアを、リカバーする。これがほどよい母親。

重要なことは、パーフェクトマザーよりもほどよい母親の方がケアとしてはよいことです。ウィニコットは子どものニーズに完璧に応えて、完璧に面倒を見る親には、逆に悪い影響があると考えるわけです。

ここまで授業を聞いてきた皆さんならばおわかりだと思います。パーフェクトマザーは子どもを「本当の自己」に留め置いてしまうということです。温泉に閉じ込めちゃって、大人になる機会を奪ってしまう。

温泉から出て、現実に触れる。そうやって、自分のことを自分でケアしたり、周りに合わせたりできるようになる。

これは最初の授業でお話ししたケアとセラピーのリズムと似ています。依存と自立が交互にビートを刻んでいるのが、ほどよい環境であるということです。

◎雨の日の復讐

こういうと難しい塩梅を要求されていると思われるかもしれませんが、大丈夫。ウィニコットはほとんどの母親が「ほどよい母親」なのだと言っています。そう、ほどよく失敗し、ほどよくやり直すことは誰もがやっていることである。

これは僕が晴れの日にはケアはうまくいっていると最初の授業で言ったことと同じです。普段のケアはほどよくうまくいっています。ときどき失敗もするけれど、ちゃんとやり直しがなされる。それで十分だということですね。

でも、雨の日にはこれが難しくなってしまう。

理由は二つあります。

ひとつは雨の日には何がニーズなのかわからなくなってしまいやすいからです。それで良かれと思ってやったことで、相手を傷つけてしまう。これについてはすでに十分に説明したと思います。

もうひとつは復讐《ふくしゅう》したくなってしまうことです。

雨の日のケアってね、大変なんですよ。

嫌なこと、しんどいことがたくさんある。皆さん、言われるまでもないんでしょうけど、そうやって大変な思いをしていると、僕らはついつい復讐したくなっちゃうわけです。

たとえば介護をしていて、行き届いていないいって義理の父から怒られたとする。実際、いろいろな失敗をすることもあるのだから、指摘自体は間違っていないのかもしれない。

でもね、これだけ頑張っているのに、なんでこの人は自分にこんなことを言うんだって、人間なんだから思います。「じゃあお前がやれよ」と不満に思う。するとつい嫌味を言ったり、するべきことをサボったりしたくなる。義父の嫌がることをしたくなる。

こういう意図的な環境の失敗が復讐です。

セラピーが危険なのはこれですね。自立を促すとか、傷つきと向き合うという名目で、実際には復讐しているだけのことがある。

復讐は失敗とは違って、相手の成長にはつながらないんです。それは単に二人のつながりを破壊し、こころを損なってしまうだけです。

雨の日ほど復讐したくなる。

でも、そういうときに、何とかこらえてやり直しをするのが「ほどよい母親」です。ごめんごめんって言ってやり直しをする。何も失敗しないよりも、失敗してやり直してくれる方がいいケアなんだとウィニコットは言っているわけです。

失敗はするけど、復讐まではしない。

これが大事。でもね、一番難しいことでもあります。復讐しないって簡単そうに見えるけどね、やっぱりさ、復讐したくなるじゃんね……。

◎ほどよい環境

以上、長めにウィニコットの理論を見てきました。

問題になっていたのは、環境とこころの関係性です。

環境が成功しているときには本当の自己が、環境が失敗したときには偽りの自己が現れる。これがシーソーのようにいったりきたりする「ほどよい環境」が良いというのが彼の考えでした。

以上を踏まえると、次のように言える。

おせっかいの本質は環境の回復。

環境とは当たり前にあるはずのものなんですね。だから、良い環境にあるとき、人はわざわざその環境を意識もしなければ、感謝もしない。

だけど、ときどき環境は失敗します。こういうときに僕らは傷つき、ケアの不在に気づかされます。

　これがおせっかいのタイミングです。

　たとえば、トイレはきれいなときには誰もそのことに感謝しないけれども、汚れているときにそこに問題があったことに気がつかれます。

　すると、その当たり前を回復するトイレそうじが助かるおせっかいになる。

　同じように、身の回りの人のケアを考えるならば、彼らにとっての当たり前の環境を回復することを目指すといい。

　喉《のど》が渇いていないのが当たり前だし、怖い思いをしないで学校に行けるのが当たり前だし、一日の流れが大体予測できるのが当たり前です。

　大体のニーズは、パーフェクトではないにせよ、日常の環境の中でほどよく満たされている。

　これが晴れの日です。

　でも、雨の日にはそういうものが壊れてしまう。

　ですから、助かるおせっかいとは失敗した環境を整えなおし、補強し、回復することだと言えます。

　もちろんね、それもまた失敗することもあるんですけど、それをまたやり直す。そういうのがほどよいおせっかいだと言えます。

ということで、こころを助けるとはどういうことかを見てきました。

次に、お待ちかねの具体的なおせっかいの技術の話をしていきましょう。何をすれば助かるおせっかいになるのか、具体例を挙げていこうと思います。

とはいえ、とりあえず休憩しましょうか。

きれいなトイレにでも行ってくださいね。

ちゃんと休憩が挟まるのが、ほどよい授業というものです。

おせっかいの技術その1　からだとモノのおせっかい

再開しましょうか。

おせっかいの技術集というのは実は珍しいんじゃないですかね。

心理士をやっていると、毎日おせっかいのやり方を具体的に考えて、アドバイスをしているのですが、そういう本を書いている同業者はぱっと思い浮かびません。

ふしぎですね。きく技術本はいっぱいあるけど、おせっかいの技術本は全然ない。

もしかしたらカッコ悪いからかもしれないです。

きく名人はカッコいいけど、おせっかい名人は迷惑な感じしちゃいますもんね。近所に引っ越してこないで欲しいよね。

とはいえ、ケアに困っている人にとっては切望しているものだと思うので、おせっかいの技術をいくつかお伝えしていこうと思います。

最初におせっかいを二つに分けることにします。

おせっかいには「からだとモノのおせっかい」と「こころとヒトのおせっかい」がある。

即物的で、より現実的なおせっかいと、もう少し精神的なおせっかいですね。

このとき、トイレそうじがそうであったように、基本はからだとモノのおせっかいが先で、こころとヒトのおせっかいが後になります。

やりやすいのが前者で、少し複雑なのが後者なので、まずは「からだとモノのおせっかい」から試してもらえたらと思います。

・からだの心配をしよう
・モノをあげる
・お金は最強（ときどき最凶）

◎からだに良いものはケアである

では、からだとモノのおせっかいとは何か。

その名の通り、からだが必要としていることや、物質レベルで助かるものをおせっかいすることです。

繰り返しになりますが、トイレそうじがわかりやすいです。

トイレが汚れてたら嫌です。絶対にきれいな方がいい。生理的なレベルで、からだの声がそう言っている。だから、トイレそうじは助かるおせっかいになる。

同じように、聴覚過敏の人のためにテレビの音を小さくするのはケアになるし、杖《つえ》を突いている人の荷物を持ってあげることはケアになります。

何度もお伝えしてきていますが、大切なのはからだのケアがこころのケアにもなることです。

阪神淡路大震災のときに、心理士がマッサージをしていたという話をしましたが、からだがゆるまるときには、こころもゆるまるんですよ。

それだけじゃない。マッサージを受けているときには、ふと気を許して、不安なこともしゃべりやすくなる。からだのケアをされているときはこころが近くなります。

これは日本人というか、東アジアに共通の傾向らしいですね。

僕らは不安とか悲しみみたいなこころの苦しさをからだで表現しやすい。たとえば、うつのときに、北米では気分が沈むけど、東アジアでは体調不良になる、みたいな人類学の研究があります。

ですから、からだの心配をすることが、こころの心配をすることになる。

病院の待合室で老人たちが世間話をしていることが冗談でよく言われますけど、あれは合理性がある。病院の待合室だったら自然にからだの話ができるからね。そうやってこころを交わしているわけですよ。

健康診断の結果の話とかもいいですよ。数値が悪い自慢は癒されるんですよ。ああ、俺よりもひどい人が居たんだと思えると、心底同情できます。

あとは天気の話ね。「今年は暑いね」とか「今日は気圧が低いよね」とか、これもこころを通わせるのに役立つ。天気はからだを直撃するものだからです。

◎からだの心配をしよう

昔はね、僕はこういう病気とか天気の世間話を馬鹿にしてたんですよ。もっと中身のある話をしようぜ、みたいに思っていました。浅はかだったと言わざるをえない。

年を取るごとに、いかに世間話が平和の技術として深いものだったかを痛感しています。

逆に言えば、僕らはやっぱ、お互いの感情に触れたり、お互いのこころについて直接話し合ったりするのが苦手なんですよ。照れくさいし、こころに触れるのはおっかなびっくりな感じがする。

この点で、からだの心配はしやすいし、心配される方も受け取りやすい。ですから、からだに良いことは助かるおせっかいになります。

たとえば子どもがうつになったとして、どう接したらいいかわからないときには、まずからだのレベルのケアを心がけると良いです。「ちゃんと眠れてる？」とか「ちゃんと食べてる？」という声掛けをして、身の回りを清潔で心地よく過ごせるようにしてあげるのが助かるおせっかいです。

こころに直接働きかけようとしないでいい。

インフルエンザの人を看病するのと同じです。からだが休まるようにしてあげて、おいしく食べられそうなものを作ってあげる。それが一番、こころのケアになる。

たぶん、僕よりも皆さんの方が具体的なことについては詳しいんじゃないでしょうかね。何をするとからだのケアになるのかはいろいろな経験知があると思う。ぜひそれらをフル活用してからだのおせっかいをしてあげてください。

あ、でも、スペシャルなやつじゃない方がいいですよ。

肩こりが一瞬で消える魔法の薬とかは、余計なお世話になりやすい。

あまり効かないけど、ちょっと気が楽になる養生法くらいがいいね。

おせっかいは微弱であればあるほど、じんわり、そして深く、こころに響く。

さて、直接からだに働きかけるわけじゃないけど、助かるおせっかいがモノをあげることですね。

◎モノをあげる

これもからだを出発点にして考えると、助かるおせっかいにしやすいと思います。

たとえば、僕のカウンセリングルームには百均の傘が大量に買い溜《だ》めしてあるのですが、これは急に雨が降ったときにクライエントに貸してあげるためです。そして、返さなくてもいいためです。

雨が降っているから、傘を貸す。こんなにわかりやすく、間違えにくいおせっかいないでしょ？

もう少し高度な技術が「これがあれば楽だろう」と思えるモノをあげることですね。たとえば、学校に行けていない友達のために、ノートをもっていってあげるのもいいですね。そのノートを使うかどうかわからないけど、こころが伝わりますよね。

あとは家事が回らなくなっている義理の娘のために、食洗器をプレゼントしてあげるとか、ドラム式洗濯機を買ってあげるとか、こういうのもいいね。実際に助かるし、思いやりが伝わりますよね。

困りごとに対して、モノのレベルで解決を図る。こういうのは助かるおせっかいだと思うんですよ。アドバイスされるよりも百倍いいですよ。アドバイスは最終的には自分でやらなきゃいけないからね。


ただし、いらないモノをあげると邪魔になるという大問題があります。たとえば、洋服をもらうとめちゃ困りますね。洋服をあげたいときは一緒に買いに行った方がいいです。というか、洋服は皮膚に直接くっつくものだし、きわめて個人的な価値観に基づいて選択をするモノだから、周囲があげるものじゃないかもしれないですね。侵入的になりやすく、余計なお世話になりやすいね。

この辺も塩梅ですね。

◎お金は最強（ときどき最凶）

そういう意味で最強なのはお金。

一回目の授業でもお話ししましたが、お金は万能のケアです。ご本人が必要としているものと交換できますから。

よく言ってるんですけど、関係があまり良くない親戚《しんせき》とかに何かいいことがあったときに贈るならお金一択ですよ。

たとえば、孫が生まれたから娘に何かをあげたい。そこでベビー服をたくさん贈ると、余計なお世話になる可能性が高い。

おもちゃもそう。このおもちゃだと私が一緒に遊んであげなきゃいけないじゃん、余計な仕事増やさないで！　みたいなことが起きる。

仲が悪い場合にはなおさらなんですよ。そもそも趣味とか教育方針が共有されてて、「これ欲しかったの！」って思えるモノをあげられるようだったら、仲悪くならないからね。

だから、お金一択。ドカンとお金を贈ると関係はよくなるものです。

ただね、お金って支配の力もあるから気を付けないといけません。お金をあげることが、相手の尊厳を損なうことがあります。

そういうとき、最強だったはずのお金は最凶になります。

この辺が難しいね。ケアには絶対の正解はありません。

以上、からだとモノのおせっかいでした。

即物的なニーズを満たすためのおせっかい。

まずは、こういうわかりやすいおせっかいを試みるのがいいと思います。

このとき、本質にあるのは、即物的なおせっかいを通じて、こころのつながりが築かれるところでした。

必要なモノをもらえたことが、「よくわかってくれている」という感覚を引き起こす。

だから、モノだと思ってバカにしちゃいけません。

モノがこころを乗せていく。

おせっかいの技術その2　こころとヒトのおせっかい

◎外付けハードディスク原則

次にこころとヒトのおせっかいにいきましょう。

ここまでは物質的なことを具体的におせっかいすることで、間接的にこころのケアをする方法について話してきましたが、ここからはもう少し直接的にこころに働きかけるやり方を見ていこうと思います。

基本原則は外付けハードディスク方式です。

パソコンの容量がいっぱいになったときに、データを外部の記憶媒体に保存しておくやり方ですね。

つまり、こころにつらい感情がいっぱいになってしまっているのを、別のこころに置いておけるようにする。そのためにヒトを処方し、他人のこころを使ってもらうのが、こころとヒトのおせっかいの本質です。

前回お話ししたコンテイニング理論をおせっかいに応用したものだと言えます。

- 関係者を増やそう
- 通訳してあげる
- 制度を紹介する
- 代わりにやっておく
- 一緒にやってあげる
- 一人にしてあげる

いろいろなやり方があるのですが、ひとまずヒトを処方するやつから見ていきましょう。

◎関係者を増やそう

まず、相談できる人を増やすというおせっかい。

これは強力な方法です。

関係者が増えて、心配する人が増えてくると、外付けハードディスクが増えるので、苦しみを抱える容量が大きくなるし、みんながちょっとずつおせっかいをしてくれることで、トータルでのケア量は爆上がりします。

たとえば、同僚から上司とのトラブルを相談されたとしましょう。こういうときには、もう一人同僚を巻き込んでグループラインを作るといいです。鬼上司対策チームの誕生です。チームは強いんですよ。一対一だと煮詰まっちゃったり、絶望したりしてしまうことも、チームだと余裕が持てる。三人寄れば文殊《もんじゅ》の知恵というやつですが、文殊とは外付けハードディスクの別称なのかもしれません。

あるいは、別の部署の上司に相談をしてみることを勧めるのもいいし、職場の相談窓口を紹介するのもいい。家族にも話しておこうよと、伝えるのもいいですね。

とにかく関係者を増やす。孤独にならないようにするってことですね。

いろんな人に相談できるようになること自体がケアになる。

このとき、コツがあります。単に「あの人にも相談するといいよ」と言われても結構ハードルが高いんですよ。気楽に相談できるくらいなら、とっくに相談しているわけですから。だから、「『○○で△△だから◆◆なんです』って言うと、伝わりやすいかもしれない」と伝え方を教えてあげるとよい。

問題の当事者になると、当たり前のことでも言葉になりにくいんですよ。

そこを代わりに考えて、言葉にしてあげるのは助かるおせっかいになります。

あ、もちろん、強制はダメですよ。

「絶対にあなたの夫にも言った方がいい！」となってくると、余計なお世話になっちゃいます。言いたくないことや知られたくない相手ってそれぞれにありますから。人にはいろいろな歴史があるものです。

でも、提案するだけならば、基本は害にはなりません。嫌がっている雰囲気があったら、すぐに引っ込めましょう。

◎通訳してあげる

これのより強力な上級篇として、通訳があります。

カウンセリングだとよくやりますね。クライエントのご家族に面接にきていただいて、クライエントの状態とか、何をしてあげると助かるのかを本人の代わりに説明してあげるんです。

往々にして、家族も困ってるんですよ。ご本人のことをうまく理解できなくて、どうしたらサポートになるかわからない。コミュニケーションが不全になっています。

ですから、心理士が通訳みたいになってくれると助かるんですね。

そうやって、さっきのからだとモノのおせっかいのやり方を教えることが多いですね。

家で休めるようにするにはどうしたらいいかとか、お金を援助してあげてください、とかアドバイスをする。

最近はカップルセラピーをよくやっていますが、これも完全に通訳おせっかいですね。二人のあいだで、話にならなくなっちゃうポイントで通訳に入るんですよ。

結局ね、苦しい気持ちって言葉になりにくいから、それを誰かが通訳してくれると助かるということです。

カウンセラーの仕事じゃなくて、普段使いのケアで言うと、たとえば、親御さんがお世話になっている介護施設の人に、本人の代わりにニーズを説明してあげるイメージです。親御さんは助かると思いますよ。

◎制度を紹介する

ヒトを処方するおせっかいの中でも、もっとも強力なのが「制度」を紹介することです。前回の親の借金で絶望している高校生におせっかいしてあげるならこれですね。奨学金の制度を教えてあげたい。

世の中にはいろいろと助かる制度があるんですよ。会社の中には休職の制度があるし、自治体にも、家事を代わりにやってくれる支援の人に来てもらう制度や、弁護士に相談できる制度があったりする。生活保護とかもそうですね。

社会は元気な人だけでできていない。

僕らの人生が元気な時間だけでできていないのと同じです。病んでしまって、いろいろなことにうまく対処できなくなってしまう時期が絶対にある。だから、社会には雨の日の人を助けるためのおせっかいの仕組みが張り巡らされている。

社会というのは硬くて冷たそうに見えるのだけど、実はいろいろなところに柔らかい関節が準備されています。「社会は厳しい」というのも事実なのだけど、同時に具合が悪くなった人を支えるための腕も社会にはちゃんと備わっている。法律や制度というのは、そういう風にできているわけです。

問題はこういう制度が往々にして見えにくいところにあることです。スクールカウンセラーの部屋が、学校の片隅にひっそりあるのと似ています。市役所でも、会社でも、そういう場所や制度は、ひっそりとしたところにあって、元気なときには見えにくいし、具合が悪いときには探す力が湧いてこないんですよ。

だから、そういう制度を紹介してあげたり、窓口に付き添ってあげたりすることは助かるおせっかいになります。

制度の力は強力です。

金銭的にも、マンパワー的にも、さまざまな助けを得ることができます。ただ、強力な分だけ、そういう制度を使うことにはためらいがあるのも事実です。

休職とか生活保護とかは、制度を利用するにあたって、いろいろと悩むと思います。ですから、そこは無理強いをせずに、情報提供をして、ゆっくり考えてもらうくらいの感じがいい。

ひとつだけ付け加えておくと、そういう制度で実務を担当している人たちは、いろいろなことをよく知っています。

苦しいときって、自分と同じような苦しさの人がいることを想像できなくなるのだけど、実際には同じようなケースというのはあって、実務をやっている人たちはどのように対処すると助けになるのかを知っているんですね。

だから、制度を利用するかどうかを含めて、一度相談してみるというのは悪くないと思います。

◎小まとめ

ここまでヒトを処方する技術をいくつか見てきました。

原理原則は外付けハードディスクでした。

つまり、本人の孤独が減るように、つながりを増やすことです。これは前章で見た「きく」を増やす方法とも言えます。

ただし、孤独なときって、他者が怖くなっていますから、無理強いだけは気を付けましょう。この人に会った方がいいよって勧めるのはいいんだけど、本人があんまり会いたくないなって気が進まないときがある。すると、「せっかく紹介してくれたのに、悪いな……」って罪悪感を抱いてしまうこともある。

そういうときには、ヒトの処方によって、逆に孤独になっちゃう可能性もあるんで、そこは要注意です。

◎代わりにやっておく

最後にあなた自身のこころを環境として使ってもらう技術をご紹介しましょう。つまり、「環境になる」技術です。

変な言葉遣いに聞こえるかもしれないけど、ようは「代わりにやっておく」ということです。

本人が自分でやらなきゃいけないことを、代わりにやってあげる。

たとえば、大学に勤めていたとき、僕が体調を崩したことがあったのですが、そのときやらなきゃいけなかった入試監督の仕事を、同僚が代わりにやってくれました。おかげで、僕はその日はゆっくり休めた、こころもからだも。

これが「環境になる」ってことですね。僕は同僚という環境に包まれて、家のベッドで寝ていることができた。

もうちょっと心理的なおせっかいとしては、「代わりに考えてあげる」というのがあります。

本人が決めなきゃいけないことを、僕が損得を考えて、「こっちの方にはこういうメリットがあって、もうひとつにはこういうメリットがあるね、俺はこっちの方がいいと思ったけど、どう思う？」と伝える。

相手の頭の代わりをやっておくってことです。

こういうときのコツとしては、代わりに考えた結果、案を二つくらい出すといい。「勝手に決められた」となっちゃうと余計なお世話になるからね。

まあでも、本当に苦しいときには、「代わりに決めてくれた」というのが助かるときもあるから、この辺も塩梅ですなぁ。

これのさらなる応用バージョンとしては、深刻な相談を受けたときに、「俺が考えとくから、とりあえず一週間は忘れておきなよ」という対応があります。

具合悪いときって頭が働きませんからね、ひとまず不安を預かってあげるわけです。

ヤクザ映画とかでそういうシーンありますね。「この喧嘩、俺が預かる！」みたいなやつ。あれはめちゃケアなんですよ。

◎一緒にやってあげる

もし本人に少し元気が出てきているようなら、代わりにやっておくのではなく、「一緒にやってあげる」というのもいいです。

一人じゃできそうにないことを、付き添ってあげて、手伝いながらやること。

家庭教師とかはそういう役割ですね。中間テストの前とかに、自分一人じゃどこから手を付けていいかわからない。そういうときに、家庭教師が「まず英語のプリントをやって、それから数学がいいかな、一緒にやろう」と言ってくれると助かります。

あるいは、親御さんが足のけがをして、リハビリしなくちゃいけないんだけど、全然家から出ようとしない。そういうときには、「一緒に散歩に行こう」が一番いいですよね。

「一緒に」というのがいいんですよ。

これは具体的に作業が進むという意味でもいいし、何よりもつらいことをやるときに孤独じゃなくなるのがいい。

人は孤独になると能力を発揮できなくなる。

誰かが見守ってくれていて、一緒にいてくれると、やる気が出るし、いつもよりも力が発揮できるわけです。

僕らの社会は、小学校のときくらいから、「自分のことは自分でやりましょう」という教育をしているので、みんな人に手伝ってもらうことに罪悪感を抱きやすいんですよ。「時間を奪ってしまって申し訳ない」と思って、なかなか助けを求められない。

でも、「一緒にやろうか」は抵抗が少ない。全部相手にやってもらうわけじゃないからです。これが助かる。

しかもね、実はおせっかいをする方も、結構楽しいんですよ。

一緒に散歩に行って、梅の花がきれいで、親御さんの表情もよくなったとしたら、時間は奪われたものじゃなくて、一緒に楽しんだものになりますよね。

ということで、「一緒に」はいいですよ。

一緒に行ってあげて、一緒にやってみましょう。それでうまくやれたら自信になるし、うまくいかなくても「次は頑張ろうな」と慰め合えますからね。

◎いつでもつながっていること

「一緒に」のさらなる応用篇があります。一緒にいないのに「一緒に」を実現してしまう技術です。

それは「何かあったらいつでもメールして」。

ＬＩＮＥでも、ＤＭでもなんでもいいのですが、「いつでも」がポイントですね。即レスはできないかもしれないけど、「読めるときに必ず読んで、返事できるときにするから、いつでも送って。俺の都合は一切気にしないでいいよ」って伝えるわけです。


つらいときに、いつでも伝えられる相手がいると助かる。


常に門戸を開いておく。メールってね、送るだけで、結構落ち着くものです。不安や怒りを置いておける場所ができるわけだからね。

まあね、迷惑かけている気がしてそんなに気楽にメールはできないものだけど、それでも次に会ったときに何かが起きてたのを知ったら、「言ったじゃん、いつでもメールしてって」と畳みかけることができますからね。

そういうことの繰り返しで、いつでも伝えられる環境ができていきます。

いつでもつながっている状態ができると、こころはかなり助かりますよ。

こっちは寝ていてもいいんです。ネット回線が仕事をしてくれます。

◎一人にしてあげる

最後は、ここまでとまったく反対の話になりますが、「一人にしてあげる」というおせっかいの技術を挙げておきたいと思います。

常に一緒にやってあげて、つながっていればいい、というわけじゃないんですよ。誰にでも一人にしてほしいときがあるし、放っておいてほしいときがあります。


たとえば、思春期の子どもを思い浮かべてください。

彼らは思う存分、親に依存しているわけですが、一方で自立したいともがいていて、自分勝手にいろいろなことをします。

これが親からすると、心配なわけです。大丈夫なんだろうかと思うから、「勉強したの？」とか「早く寝なさい」とか言うんだけど、余計なお世話になっちゃうんですね。

親の側が心配しすぎていて、パーフェクトマザー化しているわけです。

不安に耐えかねて、本人に任すことができない。

でもね、こういうときに必要なのは、心配しながらも、放っておいてあげることなんですよね。

痛い思いをするかもしれないけど、そこは本人がなんとかできるはずだ、と信じて、見守る。

◎過保護問題

ちなみに、ここには過保護をめぐる普遍的な問題があります。

ケアのことを考えると、ほぼ必ず自分が過保護なんじゃないかという不安に襲われます。甘えさせてるだけなんじゃないかと思う。

ケアは常に程度問題なので、当然やりすぎているんじゃないかという迷いが出る。

ただ、僕は基本的にはケアは過剰であってもいいと思っているんです。たくさんケアがあることは間違いなくいいことです。

たとえば「学校行けないって言うから毎日車で送っていってあげてるんですけど、やりすぎでしょうか」っていう風に親御さんから問われたときに、「本人がもういいって言うまではいいんじゃない？」と僕は答えている気がしますね。

あんまり気にするな、と。そのうちバランスは自然にとれるからってね。

ただし、そのケアが本人のためではなく、ケアする人の側のためになされているときに問題が起きます。

親が心配になりすぎているから、子どものケアを過剰にしてしまっているときですね。ほどよい母親ではなく、パーフェクトマザーになってしまうのは、親の不安を鎮めるためです。すると、ケアはむしろ「支配」になってしまいます。

これが過保護問題の正体。

そういうときに必要なのは実は子どものケアではなく、親のケアです。

パーフェクトマザーは心配性です。

世界のことを異常に怖がっているから、パーフェクトを目指してしまう。

ですから、ケアする人が安心することが一番大事で、そのために誰かからケアを受ける必要がある。

周囲が支えてくれると、多少の失敗は許せるようになります。安心しているとほどよい母親になれる。

ただ、これについては次回お話ししようと思います。

今日のまとめ

いかがでしたでしょうか、現代社会のタブーであるおせっかいをマスターできたでしょうか?

最後にまとめておきましょう。

こころのケアには二つの方向性がある。つまり、「きく」が内面の変化を狙い、「おせっかい」は環境の変化を狙う。

このとき、おせっかいというものが余計なお世話になってしまいやすいことを踏まえて、どういうときに助かるおせっかいになり、どういうときに余計なお世話になってしまうかを具体的に考えてきました。

強調したかったのはおせっかいの即物性です。

モノとか、お金とか、制度とか、そういうソリッドなものが、つまり硬くて、現実的で、外的なものが、こころをケアする。

環境を整えるとは現実の生活が即物的に整うことです。

トイレそうじというのはまさにその象徴だったんですよ。

汚れているトイレというのはきわめて物質的なものであり、それをきれいにすることもきわめて物質的なことです。

すると、物質的なことが精神的なことになります。

トイレがきれいになる。

それはトイレのことを気にしながら生活しないでよくなることです。

トイレのことを忘れて、自分のことを考える余白ができることです。

これがウィニコットの言う「本当の自己」でした。

助かるおせっかいとは、そうやって外側の環境に存在しているチクチクするトゲや、デコボコした障壁をとり除くことです。

そうなってはじめて、僕らはようやくこころに目を向けることができます。

外が安全になると、部屋の片づけができるのに似ている。

そこまでいくと、「きく」の力がようやく発揮されるようになるんです。


ですから、こころは何をすれば助かるのか？　という今日の問いには次のように答えることができるでしょう。

まず、トゲをとり除くこと。


今まさにご本人を傷つけているものをとり除いてもらえると、こころは助かる。こころが変わっていく手助けはそのあとです。

外が先、内が後。この順番を覚えておいてください。


加えて言うならば、余計なお世話にならないためには、新しく良いものを外に付け加えるのではなく、今あるトゲを除去してあげるのが大事です。

面白そうな習い事を始めるよりも、今やっているつらそうな習い事をやめる方が先。

押し付けないのがおせっかいのコツなのでしょうね。

とはいえ、おせっかいというのはある程度は押し付けなのでね、この辺は塩梅です。何がトゲなのかって、そんなに簡単にはわかりませんから、失敗しちゃうことはあります。ですから、相手の反応を見ながら微調整をするのが大事です。いつでも撤回できるようにしながら、おせっかいをするのがよい。

このあたりをうまく描いていたのが、ウィニコットの「ほどよい母親」でした。失敗することもあるけど、やり直すこともできる。失敗ゼロを目指すのではなく、失敗を認めてやり直せるようにしておくのが、おせっかいの基本姿勢です。

とはいえ、僕らに余裕がないときには、「ほどよく」いられないのがおそらく真の問題です。

ですので、最終回ではケアする側がどうしたら余裕を保っていられるのか、ケアする人をケアすることについて考えようと思います。

とりあえず、質問タイムにしましょうか。

ほどよくお答えしていきますね。

質問タイム①

質問：そもそもニーズをわかることは、本人にとっても難しいように思います。

東畑：そこが問題なんですよ。ニーズって、晴れの日にはお互いの間でなんとなく共有されている。こうしてほしいんだろうなとか、こう言ってほしいんだろうなって伝えられるし、汲み取ることができる。

でもね、相手の具合が悪くなると、そのニーズがわからなくなっちゃうわけですよ。たとえば、子どもはそっとしておいてほしいのに「勉強したの？」って介入しちゃう。それは子どもの具合が悪いのもあるし、そのせいで親が不安なのもあります。ちゃんと声掛けしないと勉強しないから、「勉強したの？」と聞くことで本人も助かるだろう、という間違ったニーズの理解を親はしているわけですね。

ただ、やむを得ないことではあるんです。雨の日には自分に何が必要なのかわからなくなってしまうし、周囲もわからない。こうしてボタンが掛け違い、空中戦になる。

そういうときは第三者に相談です。専門家でもいいし、周りにいる素人でもいい。ニーズをわかるためには空中戦をやめる必要があり、そのためにはケアする側がまずは余裕を持つことが必要だからです。

「わかる」ためには余裕が必要である。これについては最終回で詳しく話します。

質問タイム②

質問：ケアをすることで役に立てているという自己肯定感を得られるので、相手のためでなく、自分本位で必要以上のケアを提供しているのではないかと不安です。

東畑：僕は思うんですけど、完全に自分本位じゃないケアって難しいですよね、結局はこちらの見える風景の中で、考えていくしかないわけですから。

あんまり潔癖にならない方がいいのではないでしょうか。多少はお互い様なんでね。

ケアすることはケアされることです。

ケアすることで元気が出るのは自然なことです。ときどき押し付けがましいこともあるかもしれないけど、それに気づいて反省してやり直すのがいいと思います。

あまりに自分本位のケアになっちゃってるときって、相手は調子悪くなると思うんですよね。なので、それが指標じゃないでしょうか。とりあえず調子がいいとか元気だとかだったらそれで良くて、具合悪くなっていると気づいたら、自分本位だったかなって反省する。

トライアンドエラーでいきましょう。ほどよく不潔でいきましょう。

質問タイム③

質問：困っている子どもがSOSを出せないという問題があると思います。どうしたらSOSを出せるようになるでしょうか。

東畑：難しい問題なんですよ、これは。

SOSを出せるようにするための教育みたいなのを学校でやってるんです。SOSを出してもいいよと伝えて、どういうやり方だと出せるのかを子どもたちに教えている。

これはこれで大事なんだけど、本当にSOSを出す必要のある子どもは、そういう話を聞いても、「どうせ綺麗事《きれいごと》なんでしょ」と思っちゃうわけです。他者に絶望しているからです。

なので、今日のウィニコットの話がそうなんですけど、やっぱり先に周りがSOSを汲み取ることこそが、SOSを出せるようにするための最強の方法だと思います。

「最近なんか痩《や》せたけど、どうしてんの？」って聞く。これは、「何か起きてるのかもしれない」っていうときのおせっかいの一言ですね。

「いや、別に……」と冷たくあしらわれるかもしれませんが、まあいいんです。SO

Sを出せない人は、おせっかいに応じられないんですよ。それでも、ときどきそういうおせっかいをし続ける。すると、ある日、「食べていなくて」と反応してくれるときがくるかもしれない。

ケアってね、無限に失敗する営みだと思うんですよ。いっぱいボールを投げて、いっぱい外れる（笑）。野球で言えば、２ストライク14ボールくらいの感じですよ。ときどきしかストライクが入らないノーコンピッチャー。

でも、それでいいんです。14ボールも投げた事実が残るからです。ちゃんとかかわろうとしてきた歴史が、14ボールという記録に刻まれています。

「あのとき、全然私のことをわかってなかったよね」とふりかえれるのは素晴らしいことですよね。

ですので、「ちゃんとSOSを出してほしい」って思ったなら、先回りしてSOSを汲み取るおせっかいをしてみましょう。

なかなかいい球はいかなくて、ボールばかりかもしれないけど、ときどきストライクが入ったら、今度は相手の方からストライクを投げてくれるんじゃないかな。向こうにSOSを求めるよりも、こっちがSOSを汲み取ろうとおせっかいをする。これじゃないかな。

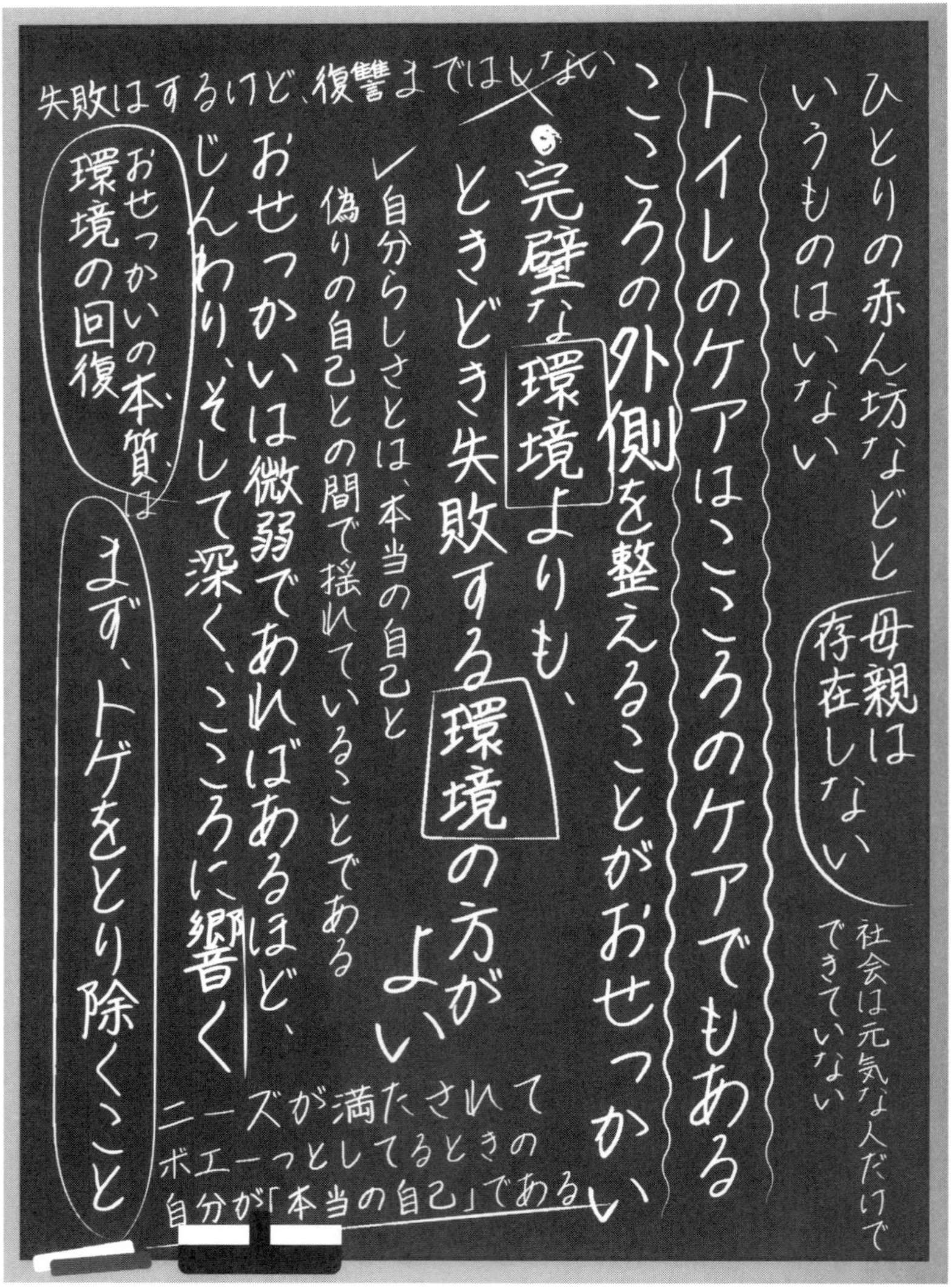
ひとりの赤ん坊などというものはいない
母親はない、存在しない
社会は元気な人だけでできていない
トイレのケアはこころのケアでもある
こころの外側を整えることがおせっかい
完璧な環境よりも、ときどき失敗する環境の方がよい
自分らしさとは、本当の自己と偽りの自己との間で揺れていることである
おせっかいは微弱であればあるほど、じんわり、そして深く、こころに響く
失敗はするけど、復讐まではしない
おせっかいの本質は環境の回復
まず、トゲをとり除くこと
ニーズが満たされてボエーっとしてるときの自分が「本当の自己」である

5日目

ケアする人をケアするもの

――つらいとき、たのしいとき――

誰かがわたしたちを必要とするのは毎日ってわけじゃないんだ。実のところ、今だって、正確にいえば、わたしたちが必要なんじゃない。ほかの人間だって、この仕事はやってのけるに違いない。わたしたちよりうまいかどうか、そりゃ別としてもだ。われわれの聞いた呼び声は、むしろ、人類全体に向けられているわけだ。ただ、今日ただいま、この場では、人類はすなわちわれわれ二人だ

サミュエル・ベケット『ゴドーを待ちながら』

あっという間に最終日。

この授業はおせっかいという山場を越えたので、ここからは帰り道です。楽しく勉強する非日常の時間から、目の前のケアに取り組む日常の時間へと戻っていかねばなりません。

このとき、考えておきたいのは、今まで勉強してきたことを、日々のケアで活かすためにはどうしたらいいかということです。

いくら勉強しても、ご自宅や職場で使えないなら意味がないですからね。

これを最後に考えておきたい。


ここまで「わかる」「きく」「おせっかい」と、雨の日の理論と技術を勉強してきました。だけど、実はこれらを日々のケアに活かすために、不可欠なものが残されています。

そう、ケアする人が元気でいることです。

結局、いくら理論を知っていて、技術を学んでいても、ケアする人が落ち込んでいたり、不安でいたり、具合が悪かったら、どうしようもありません。

雨の日の人と付き合い続けるためには、こちらのこころにはある程度の晴れ間が必要です。二人ともこころが嵐のようだったなら、台風が合体して、大嵐になってしまいます。

ですから、ケアする人をケアするものについて考えておく必要がある。

タフな毎日を切り抜けてケアを続けるために、そしてタフな中にも存在するケアの楽しさを味わえるために、あなた自身が十分にケアをされていないといけない。

◎元気が一番

ケアする人が元気であること。

これがケアの前提条件であり、究極の成功要因でもあります。

とりわけ、こころのケアの場合は、こころを使ってこころをケアするわけですから、ケアするこころが死んだ状態だったら、どんな洗練された技術もステンレスみたいに冷たく響くだけになってしまう。

元気が一番。

というと、プロレスラーみたいな感じですけど、本当にそうなんですよ。


夜はよく眠れて、朝ご飯を食べて、天気もいいし、さあ頑張るか、と思えているときに、ケアはうまくいく。

もちろん、めちゃくちゃ元気じゃなくてもいいんですよ。澄み渡る青空みたいなのは、相手の雨模様とギャップが出ちゃうから、逆に良くないかもね。

でも、雨の日のこころをケアするために、こちらのこころまで土砂降りの空模様だったら、しんどいですよね。不安な人の話をきいているこっち側まで、不安でいっぱいだったら、不安の置き場所はありません（三回目にお話ししたコンテイニングの話です）。ほどよく元気である。それで十分。曇りのち、晴れくらいの感じですよ。


ならばどうしたらいいのか？

結論から言うと、孤独にならないことです。

周りに相談し、周りに頼り、人とつながりながらケアをする。

結局のところ、こういう平凡なことが大事で、きっと言われてみれば当たり前の話なのでしょうが、これがまた、言うは易く行うは難し。

なぜなら、実際にケアをしていてうまくいかなくなるときほど、周りに助けを求められなくなるからです。

こころのケアって、自分のこころを使うわけだから、うまくいかないと、自分の性格とか頭とかに問題があるんだと思っちゃうわけですよ。自分がすごい悪いやつだと思えてきてしまう。それで人につらいと言えなくなっちゃう。

臨床心理士になるトレーニングを受け始めた頃、うまくカウンセリングができないときに、僕ものすごくそういう恥ずかしさを感じていました。

今でも、なくなったわけじゃないです。実際に、自分のせいでうまくいかないこともたくさんあるしね。

でも、一応二十年くらいこの仕事をしているんで、だんだんわかってくる。そういうときこそ、一人で打ちのめされていないで、周りからのケアを得る必要がある。

とにかく元気を取り戻す。ケアをやり直すためにはまずこれが必要で、そのためにも周りに打ち明ける必要がある。

この仕事を長くやっていくための秘訣《ひけつ》は、同じような仕事をしている仲間がいることだと常々思っています。そうやってケアする専門家同士で支え合いながらケアの仕事ってなされるものだと思うんです。

◎ケアには虹も出る

というようなことを、僕はあらゆるところで口酸っぱく言っているんです。心理士の集まりに行っても、教師の集まりに行っても、あるいは一般市民向けの講演とかでも、同じことを言ってます。サザンオールスターズが「いとしのエリー」を歌うのと同じくらい、高頻度で同じような話をしています。

なぜかというと、結局のところ、ケアはつらいからです。もう少し正確に言うと、つらい局面が必ずある。

ご家族や近しい人のケアにしても、お仕事でなさっているケアにしても、同様です。雨の日のこころと触れ合うわけですからね、こちらもビチョビチョに濡《ぬ》れてしまうことがあるし、僕らのこころにまで雨が降り出すことがどうしてもある。

ですから、相手が濡れないようにする工夫を学ぶと同時に、まずは僕ら自身が傘を差し、体を温めることを忘れないようにしないといけないわけです。

ただね、実はケアには楽しいところもある。ここが肝です。

雨にも緩急があります。曇るときもあれば、晴れ間が覗《のぞ》くときだってある。雨上がりの夕焼けがきれいな日だってあるでしょう。

子どもの成長は喜ばしいし、親が久しぶりに笑ってくれたらうれしい。ケアをしていると、案外面白いこともあるし、ついつい笑っちゃうことだってたくさん起こります。

そういうときにケアは楽しい。キザな言い方をすれば、ケアする日々には虹《にじ》が出ることもある。

この場合、虹に出会えたのは、雨が降っていたからですね。

ケアはつらい。同時に、楽しいときもある。

ケアには二面性があります。

ただし、ケアの楽しさを味わうためには、元気が必要です。あまりにつらくて、こころが黒雲で覆われていたならば、空に虹が出ていたところで気づかないですから。

いずれにせよ、なぜケアはつらくなるのか、いつものように理論からはじめましょう。今日は逆転移と依存労働の理論を取り上げ、そして後半に技術の話をしようと思います。以下の通りです。

①なぜケアはつらいのか
A　逆転移の理論
B　依存労働の理論
②ケアする人をケアするにはどうしたらいいのか？

なぜケアはつらいのだろうか

◎こころと社会を両方

ケアはつらいよ。

うまくいかないことが多いし、うまくいっているのかいっていないのかがそもそもわかりにくい。

ですから、もうこんなことやっていても意味ないんじゃないかとか、自分は全然役に立ってないんじゃないかって絶望しやすい。

あるいは、相手を傷つけちゃったんじゃないかとか、相手がちゃんと生きていけるんだろうかとか、不安になります。

腹が立つことだってあるかもしれない。なんでこんなことやんなきゃいけないんだとか、ここまで言われなきゃいけないのかとか、悔しい思いをすることもあるでしょう。

ケアはつらいよ、間違いない。


なぜだろうか。なぜケアはつらくなってしまうのか。

これを説明するために、二つの理論を最初に取り上げようと思います。

ひとつは、この授業でも何回か触れてきた「逆転移」。これは精神分析の理論でした。

もうひとつは「依存労働」。こっちはフェミニズムから出てきた理論です。

ようはケアがつらくなるのには、こころの問題と社会の問題の両方があるということです。

こころと社会、つまり個人の問題と環境の問題です。

世の中のほとんどの困りごとは、その両方からもたらされるわけですが、僕らはついついどちらかのせいだと偏って考えちゃうんですね。こころのせいだ、いや社会のせいだって、どっちかになっちゃう。でも、基本的には両方なんですよ。

「あれか、これか」ではなく「あれも、これも」。

ケアがうまくいかないとき、原因を一つに絞らない方がいいと思うんです。というのも、「究極の原因がある！」みたいになっちゃうと、手が付けられなくなっちゃうんですよね。たとえば、子どもが学校に行かなかったとして、「学校が悪い、学校が変わらなきゃいけない」となると、それが実際に正しいときでも、学校を変えるというのは途方もない道のりです。

じゃあ明日《あした》からどうするんだってなると、ものすごい無力感になっちゃいますよね。あるいは「子どもの考え方を変えるしかない」となったとしても、一夜にして考え方を変えるのは不可能です。

というか、朝起きたら子どもが別の考え方をしていたら深刻に心配した方がいいです。こころは急激に変わるとき、とても危険です。必ず揺り戻しが来ます。

だからね、両方をちょっとずつ変えようとしていくのがいい。

担任の先生と話をする一方で、子どもとも話をする。それで両方が少しずつ変わっていくときに、ケアは安全に進んでいきます。「この道しかない」というときは危ない。

両方面の微調整こそがケアの王道。

同じことがケアする人の苦労にも言えます。

ケアがつらくなるのには、こころと社会の両方の問題がある。その両方を順番に見ていこうと思います。

◎逆転移の理論

先にこころの話からいきましょう。三回目の授業でも少し紹介した「逆転移」です。

転移というのはケアされている人がケアする人に抱く気持ちで、逆転移というのはケアする側が抱くさまざまな感情のことでした。

ケアというのは、感情が揺らされるんですよ。こころを使ってこころとかかわるわけですから、こころはなかなか平静ではいられない。プラスドライバーでねじを回すのとは違うんですよ。

相手のことを、ものすごく心配になったり、申し訳ないと思ったり、あるいは絶対に救ってあげたいと思ったり、大嫌いになったり、大好きになったり、こういうこころの揺れ動きを「逆転移」と呼ぶわけです。

カウンセリングをしていると、大なり小なり逆転移が必ず生じるんですね。だから、心理学はこの逆転移について、ものすごくたくさんのことを考えてきました。

このとき、訓練されたカウンセラーは逆転移を起こさないということではありません。

心理学が考えてきたのは、逆転移が起きちゃうことは前提として、それについて理解して、コントロールできるようになるにはどうしたらいいか、ということです。

ケアのときには、専門家だってこころが千々に乱れるものです。

では、なぜ逆転移が起きるのか。その発生源は二つあります。

ひとつはケアされている側の傷つきで、もうひとつはケアする側の傷つきです。ここでもまた二つ出てきちゃいましたね。結論が両方になることはすでにおわかりだと思いますが、ひとまず順番に見ていきましょう。

◎感染系逆転移

一つ目は、ケアされている側の苦しさからもたらされる逆転移です。この授業では「コンテイニング」という言葉を使って説明しました。相手のこころの中にある苦しさが、こちらのこころに投げ込まれるという話です。

たとえば、あなたが介護をしている母親から「あんたなんかにはどうせ私の気持ちはわからないんだ」って怒鳴られてしまったとしますよね。

このとき、最初に絶望しているのは母親です。自分の気持ちが全然わかってもらえていないと腹を立て、世を呪っている。それがあなたに投げ込まれます。

すると、あなたは思います。

「こんなに一生懸命やってるのに、なんで全然わかってくれないの！」

母親の絶望も腹立ちも呪いも、あなたのこころに、ゼリーのように移動しています。

これが一つ目の逆転移です。

こころは移動し、つらさは感染する。

不安な人と会っていると、こちらも不安になるし、自分を責めている人と話していると、僕の方が悪いことをしているような気持ちになってくる。つらい人のケアをすると、こちらもつらい気持ちになる。

感染系逆転移の理論は、二つの意味で重要です。

ひとつはケアしていてつらくなったときに、「わかる」ための力を再びもたらしてくれることです。

子どものケアをしていて、「私は本当にどうしようもない親だ」と自分を深く責めてしまうときに、それが子どもの自己否定感の感染だと気づけることは役に立ちます。

自分を立て直せるし、子どものことを前よりも「わかる」ことが可能になるからです。

もうひとつは、感染しているということは、ちゃんと接触しているということです。

逆転移は悪いことじゃないんですよ。ちゃんとかかわっているから、僕らのこころは逆転移に覆われるわけです。薄いかかわりしかしていないなら、あるいは高みの見物しかしていないなら、こころは動揺せずに、冷静でいられる。

でも、それじゃダメなんです。ケアとはつながりによってなされるものです。ちゃんとかかわっているという事実が何よりも素晴らしいことだと思う。

ちゃんとケアしているからこそ、あなたはつらくなっている。「感染系逆転移」という言葉はそういうことを教えてくれて、そこからもう一度考える力を与えてくれると思います。

◎深層系逆転移

もうひとつを「深層系逆転移」と呼びましょう。

相手から感染するのではなく、自分のこころの深いところにあった傷が活性化する場合です。

ケアしているうちに、せっかく絆創膏《ばんそうこう》を貼って、かさぶたができていたはずの傷がうずき始めてしまう。そういう逆転移があります。

たとえば、子どもの中学受験のサポートをしていたとしましょう。最初は子どもが希望する学校に行けるように、勉強を手伝う、それくらいのつもりだったはずです。それなのに、気づけば、子どもの生活のすべてを管理して、模試の結果に一喜一憂して、まるで自分が受験するかのような勢いになってしまう。

こういうときに深層系逆転移が起きています。子どものことなのに、自分のことになっている。

あなたにはかつて受験に落ちてみじめな思いをした傷つきがあるかもしれないし、競争に勝ち続けてきたことからくる負けることへの恐怖があるかもしれません。あなた自身も気づいていない深層の傷つきが、あなたをドライブしている。

本来ケアというのは相手が楽になるように、あるいは相手を傷つけないようにやるものなんだけれども、こっちの傷つきが刺激されちゃうと、自分が傷つかないためのケアになってしまうわけです。

そういうとき、僕らは相手を傷つけてしまいます。

◎カップルセラピー

別の例も出しておきましょう。僕は最近、カップルセラピーをときどきやっているんです。ご夫婦とかパートナー同士で面接にきていただいて、三人で話し合いをする。

このとき、僕の仕事が通訳であるという話を前回したかと思います。

カップルセラピーにくるくらいなので、お互いに相手を大事にしたいし、関係を修復し、互いをケアできるようになりたいとは思っているんです。

それなのに、しゃべり始めると、全然話が合わなくなって、相手を傷つけるような発言が飛び交うようになる。互いが敵のように見えてくる。

これを第三者としてきいていると、二人がそれぞれに深層系逆転移の中にいることがよく見える。

深層の傷が疼《うず》いていて、そのせいで相手がかつての敵のように、つまりかつて彼らを傷つけた人のように見えてしまう。

ですので、僕の仕事はそれを指摘して、交通整理をすることです。

「仕事の話が絡むと、攻撃的な言葉になりますよね。そこには○○さんの個人的な傷つきがあるように見えます」って説明してあげるわけ。

深層系逆転移の本質は、相手の傷と自分の傷の混乱にあるということです。ここを分別して、自分の傷を相手を使って癒《いや》すのではなく、また別の場所で自分の傷と向き合えるようになると、ケアは楽になるはず。

◎ケアは不潔なもの

いかがでしょうか？　あなたが感じているケアの苦しさは感染系逆転移と深層系逆転移のいずれに当てはまりそうですか？

ただね、この二つは相補的です。つまり、その二つは互いに影響を与えていて、多くの場合は両方が絡まり合っています。

相手の傷に反応して、こちらの傷が活性化しちゃうし、こちらの傷が活性化すると、相手の傷が前以上にこちらになだれ込んできます。さきほど挙げたカップルセラピーはその典型です。夫婦喧嘩《げんか》は犬も食わない。二つの傷が混じり合うから、大変に混乱してしまう。

しかし、ケアとはそういうものだとも思うんですよ。

人が人にかかわる。それは相手を科学的に理解して、技術的に対応するというだけでは済まないんですよ。

人格と人格が出会い、本心と本心が触れ合い、傷と傷が混じってしまう。

手術室は清潔じゃないとダメだけど、日々のケアは不潔であらざるをえません。

人間関係が不潔であるときに、人は孤独じゃなくなる。

逆転移が起こること自体は悪いことではない。しっかりかかわっている証拠です。何度でも繰り返し言いたい。

自分のこころをフル稼働させるのがケアです。もちろん、いつもフル稼働させてなきゃいけないわけではないし、むしろ気が抜けてるくらいの方が普段はいいとは思います。でも、ときどき本心をフル稼働させられちゃうことがあるのがケアです。

だから、ケアと逆転移は近しい親戚《しんせき》です。

◎処方箋は「気づくこと」

とはいえね、逆転移が強まりすぎちゃうときに、ケアが危険になるのは事実です。二人の関係がグチャグチャになって、言っちゃいけないこと、やっちゃいけないことをしてしまう。

すると、最悪取り返しのつかないことになってしまうこともある。

だから、逆転移に気がつくのが大事です。

修正することよりも、まず気づくこと。とにかく認識すること。

認識には深い力があります。

ああ、俺は今逆転移の中にいるなと思うこと、古い傷に巻き込まれているなと思うこと。その瞬間に相手の傷にせよ、自分の傷にせよ、距離をとることができる。

こころが巻き込まれていることにこころが気づく。この時点で、こころは巻き込まれから脱しはじめています。

そういう意味で、やっぱり「わかる」が偉大なんですよね。結局二日目の授業に戻ってきます。

わかることそのものがかわることである。

これ、こころの本質です。「わかる」瞬間に、すでにわからなかった自分とはまた別の自分が生まれています。

そういう意味で、理論は役に立つ。僕がこの授業で雨の日の理論と技術の両方をお話ししてきたのには、そういう理由があります。

「逆転移」という言葉を知り、そのメカニズムを知っていることで、自分に何が起きているのかを認識することができる。

問題が起きていると気づきさえしたなら、問題は半分以上解決しています。冷静になり、問題から距離がとられているからです。

あとは具体的な対策をできるといいのですが、そのやり方についてはまたあとで話すこととして、ひとまず社会のサイドに話を移しましょう。

◎ケアを軽く扱う社会

ケアがつらくなる理由のもうひとつが、社会においてケアが軽く扱われていることです。最近、会社の管理職の人たち相手に、部下のケアについての研修をやっていることは以前にお話ししましたね。

上司もご苦労されているんですね。部下がちゃんと働き続けられるように、毎週面談をし、小まめに連絡を取り合い、交換日記みたいなことまでしている。ほとんど学校の担任の先生みたいな感じです。

素朴にえらいなぁと思いました。

だって、僕のいた大学業界は、「個人の力で頑張れよ！」みたいなのが当たり前でしたから。

〝Publish or Perish〟という言葉があって、「論文を書くか、さもなければ滅びるか」という意味なんですけど、容赦ない感じしませんか？「滅びる」ってひどい言葉だよね。

そういう業界で生きてきたので、これだけ上司が部下のケアをしていることに感心したわけです。日本の会社ってえらいじゃん、ってね。

でもね、その上司たちとよくよく話をしていくと、彼らにフラストレーションや徒労感があることがわかってきます。

というのも、そうやって部下のケアをすることが、仕事の評価に結び付かないからです。結局、評価は売上のように目に見える部分でなされるんです。

「部下のケアをしていなかったら、その時間の分だけもっと成果を出せるのに……」

悔しい気持ちがやっぱりある。

部下のケアはめちゃ大事な仕事なんですよ。

会社というのは人でできているわけで、具合が悪くなった人をポイッと捨てるようなことは許されないし、長い目で見れば人を大事にする会社の方にいい人が集まるでしょう。

でも、年度単位ではその価値は見えにくいし、数字で評価することもできない。

ですから、ケアが得意な上司のもとには次々とケアが必要な部下が回されてきて、業績評価ということでは不利になってしまう。

ケアが軽く扱われているというのはそういうことです。

今の社会はケアをうまく評価できません。ケアの得意な上司は十分に評価されず、さらに言えばその上司のことをケアしている家族がいるかもしれないけれど、会社が家族に特別ボーナスを出したりはしません。

こういうことがジワジワ効いてくる。

こんなに頑張っているのに、それがちゃんと認められない。お金の面でも、評価の面でも。この不遇さによって、ケアがつらくなる。

◎依存労働

こういう社会の問題を鮮やかに描き出したのが、エヴァ・フェダー・キテイというフェミニストの哲学者です。

彼女はケアのことを「依存労働」と呼びました。つまり、誰かの依存を引き受けることを「労働」として捉《とら》えることで、それがいかに社会から軽視されているのかを示したわけです。

ここにあるのは、男性を中心とする社会において、女性の働きが軽視されてきたことへの警鐘です。

たとえば、今でこそ少しずつ変わってきていますが、母親が赤ちゃんのお世話をすることと「労働」という言葉はそぐわない感じがしますよね。

家の外に出て、お金を稼いでくることは「労働」とみなされるけど、家の中で依存を引き受けることは「労働」とみなされてこなかったということです。

その結果、「女性は男性に養ってもらっている」みたいな引け目を感じるような社会の雰囲気があったわけです。


このあたりがフェミニズムの切れ味の鋭いところです。

保育や介護の仕事の給料や待遇がよくないという報道がよくなされていますが、その背景には男性中心主義的な社会の構造があると見抜いている。

ケアが「労働」として十分に認められていない結果として、大変な仕事であっても金銭的にも社会的にも価値が低く見積もられてしまう。こういう社会構造をキテイは「依存労働」という言葉で見えるものにしました。

社会自体にケアする人を傷つける構造があるということです。

でもね、これが実際にケアをしていると見えにくくなるんですよ。

社会のせいであることを、ついつい自分のせいであると思ってしまう。

ケアというものがきわめて個人的な営みであるからだと思います。本当は社会がケアの価値を低く見積もっていることで苦しくなっているのに、具体的に子どもの支援とかをしていると、自分の力が足りないから誰も認めてくれないんだと思ってしまう。

これは大変健康に悪い。

ですから、社会の問題を社会の問題としてちゃんと認識することは、ケアをし続けるためにはとても大切なことだと、僕は思っています。

◎ケアする人は孤独になりやすい

ケアがつらくなる理由について、こころと社会の両方を見てきました。実を言えば、この二つには共通点があります。

逆転移にせよ、依存労働にせよ、ケアする人の孤独を描いた理論であることです。

たとえば、逆転移って、人にしゃべれてるうちは大丈夫なんですよ。「俺、介護してて、本当に母親にムカついちゃってるんだ」みたいなことを人に言えているうちは、逆転移はちゃんとコントロールされていて、セーブされている。人とシェアできる感情ならば、逆転移というより「ふつうのご苦労」と呼んだ方がいいよね。

問題は、人に言えなくなっちゃうときです。こんな風に親を憎んでる自分って最低だと思ったり、子どもが自分の人生を邪魔してるんじゃないかって思ったりするとき、人に言いにくいんですよ。

悪いことを考えている気がして、自分を悪人だと思うから、人とシェアできなくなる。そういうときこそ、逆転移は深刻で、そしてケアする人は孤独になっています。逆転移というのは、ケアする人の孤独を心理学的に分析するための理論だということです。

あるいは依存労働もそうですね。

その本質は社会がケアする人を大事にしていないところにあり、ケアする人が社会から見捨てられているというところにあります。

社会とのつながりを失い、社会からの手当てを奪われてしまって、ケアする人は孤独になっている。そういうことを言っているわけですね。

ケアはつらいよ。

ケアしている人のこころは、本人も見失ってしまいやすいし、周りからもそのつらさが見えなくなってしまいやすい。

みんな見たくないんだと思います、ケアしている人の苦労というものを。

社会で大活躍した人の成功までの苦労を追ったドキュメンタリー番組があるじゃないで

すか？　ロケット技術者とか、大谷翔平《おおたにしょうへい》とかが出るやつです。

そういうのって、苦労もあるんだけど、それが報われるような見せ場があるんですよ。ロケットが発射される瞬間とか、ホームランを打つ瞬間とかね。

アウトプットがあり、アウトカムがある。そういうのを称賛するのは楽しいんですよ。苦労もあったけど、よかったね、すごいじゃん、みたいな。

大谷翔平に限らず、身近な人のことであっても、資格試験に受かったとか、作品が出来上がったとか、そういうときに僕らは拍手をします。そして、拍手って、している方も楽しいことなんです。

でも、ケアは違う。

ケアの成果ってわかりにくいし、どの段階で成果と言っていいかもわからない。不登校の子が一度学校に行っても、そのあとも行き続けるかはわからないしね。喜びすぎず、ハラハラ見守り続けるのがケアですよ。

頭空っぽにして、絶賛して、拍手を送る感じになりにくい。

◎ケアには納品がない

最終的に人間は死んでいくという厳粛な事実があり、そして終わりに近づけば近づくほど、ケアは増大していきます。自分でできることが少なくなり、周りの助けが増えていく。

そういう意味で、ケアには納品がない。これが完成品です、とお披露目できるような機会がケアでは稀《まれ》です。

ですから、評価すべきはアウトプットじゃなくて、プロセスのはずなんですよね。ケアをしていると、相手が元気な日もあれば、全然ダメな日もある。雨の日もあれば、晴れの日もあって、そうかと思ったら雷雨が降り出し、夕暮れに雨が止めば虹がかかる。そして夜になったら、また雨が降り出す。

このプロセスに付き合うのがケアですし、そうやって付き合い続けた事実こそが、称賛に値することだと思うんです。

でも、そういうのってドキュメンタリーになりにくいし、映画や漫画にもしにくい。

ケアにはクライマックスがない。

「ブラック・ジャック」だったら手術シーンで盛り上がるわけですけど、ケアの仕事って手術後のゆっくりとした回復の時期になされているわけで、手塚治虫《てづかおさむ》先生でもコマ送りしちゃうところです。地味なんですよ。

だから、ケアの意義は見失われやすく、その結果として、ケアする人はつながりが断たれやすくなり、孤立しやすい。

すると、ケアを一人で担わなきゃいけなくなる。これがケアはつらいよの本質だと、僕は思います。そして、皆さんがこの授業を受けているのも、そういう孤独があったからなんじゃないかと思うんです。

というわけで、以上がなぜケアはつらくなるのかについての理論的なお話でした。そろそろいかにしてケアする人をケアすればいいのかを具体的に考えていくことにしましょう。

さあ、この授業は本当に最終盤に入っていくところなのですが、その前に休憩を入れましょうか。

僕もちょっとそのあたりで一服してきますね。

ケアする人をケアする授業をしている人をケアしてきますね。

ケアする人をケアするもの　社会篇

さて、再開しましょう。

ケアする人をケアするものについて、個人篇と社会篇に分けて、話していきましょう。

さきほど、逆転移と依存労働の話をしたように、ケアのつらさにはこころの問題と社会の問題の両方がありましたが、それぞれに対応するのが個人篇と社会篇です。

自分のこころのために個人的に、自分でする手当てと、社会の側が準備すべき手当てですね。

これはね、ここまでのケアの技術の総集篇であり、大復習篇になります。だって、ケアする人をケアするのも、結局はケアなのですから。同じことを角度とシチュエーションを変えて、話していくことになります。

先に社会篇。

というのも、こころの内側をどうこうする前に、先に外側のケアをするのが必勝法だからです。環境が先、内面が後。話をきくよりも前に、おせっかい。

この順番が逆になると、きつくなる。自分のせいじゃないことまで自分のせいになってしまうという話でしたね。

ただし、難しいのは「社会」というと非常に大きなものの話になって、それはなかなか短いスパンでは変わらないことです。すぐあとで話をするように、お金があると大分ケアは楽になるんだけど、急に給料を上げるのは難しいですよね。

でもね、小さく変化することはできる。たとえば、職場のちっちゃな仕組みはいじれるかもしれないし、家庭での役割分担には調整できるところもあるかもしれない。硬い社会の柔らかい関節をちっちゃくストレッチしていくのが大事だと思います。

いずれにせよ、この授業が終われば、あなたは明日からもケアを続ける必要があるので、そのために何が必要なのかを考えるヒントにしてもらえたらと思います。

◎お金

まず、お金だ。

この授業では再三お金の話をしていて、なんだか守銭奴みたいで恥ずかしいのですが、しょうがないんですよ。現実的にケアのことを考えるなら、お金は決定的に重要です。なんだかんだで、ケアがつらくなるか否かは、お金に左右されます。

仕事でケアをしている人は、給料や報酬が高ければ、元気が出てきます。家族や同僚、友人のような周りの人をケアしている場合は、自由に使えるお金がそれなりにあることで、ケアのつらさを耐えやすくなります。

それはもちろん、お金があることがこころのゆとりになるというふつうの話でもあるのですが、加えてお金には「割り切る力」があるのも大きい。

逆転移の話がそうですが、ケアをしていると、相手との間でいろいろと感情がこじれます。これがつらいわけです。

お金が気持ちをスパッと割り切らせてくれる。

気持ちに負担が出てくるときに、「まあこれだけお金もらってるしな」と思えるのは、身も蓋《ふた》もないのだけど、非常に重要なことです。

逆に言うと、お金によってケアされていない場合には、こころは搾取されている気持ちになりやすい。

ケアは持ち出し過剰になりがちです。相手に対して愛情があったり、責任感があったりするから、自分の限界以上のことまでやらざるをえなくなってしまう。こういうことが積み重なると搾取されているような気持ちになってきます。

ですから、お金で解決できることはお金で解決した方がいい。お金で解決できることを(そしてそれが可能なときに)、お金じゃなくて気持ちで解決しようとするのは欺瞞《ぎまん》だし、禍根を残すことが多いように思います。

ケアというのはただでさえ気持ちを使うものなのですから、お金で割り切れるところはお金で割り切れると助かります。

◎人力

次に人。

ケアがつらくなったときは、人手を増やすのが一番です。

子どものケアにしても、部下のケアにしても、あるいは親の介護にしたって、心配してくれる人が増えて、役割を分担してくれると助かります。

イメージとしてはチームのメンバーが増える感じです。

あなたに不登校の子どもがいたとして、一人でなんとかしなきゃいけない状態だと、当然つらくなります。

でも、担任の先生も心配しているし、教育相談所のカウンセラーも心配しているとなると空模様が変わってきます。

それだけじゃない。昔の友達やご近所さん、親戚たちも気にかけてくれて、ときどき声をかけてくれる。そうやって、子どもを取り巻くケアのチームができていくと楽になる。

これは単に負担が軽減するというだけの話じゃないんですよ。

もちろん、人手が多ければ多いほど楽にはなる、これは前提です。

加えて、ケアのつらさをチームメンバーに相談できるのが大きいです。

たとえば、家で子どもが荒れている。もしかしたら、あなたが余計な一言を言ってしまったせいかもしれない。自分のことが嫌になる。

でも、担任の先生に相談して、「それくらいは言いたくなりますよ」と言ってくれるとホッとするし、「僕の方からも声掛けしてみます」と一緒に働きかけてくれると本当に助かる。

チームができると、ケアする人は孤独じゃなくなる。

これが負担だけじゃなくて、不安を軽くする。いや、それだけじゃない。一緒に喜ぶことができるようになるのも大きいね。

子どもが元気になって、楽しそうにしているときに、「おかげさまで」と言える相手がいるのは素晴らしいことです。


一緒に心配した人とは、回復を一緒に喜べる。


お金は分かち合うと取り分が減りますが、ケアの喜びは分かち合うほどに増量するのが素晴らしいところだと思います。

そういう意味で、僕も病院で働いていたときはよかったです。患者さんが良くなったときに、先輩の看護師たちとお互いの褒め合いができたからです。

あれは楽しかったな。

「一緒に喜ぶ」がケアの仕事の醍醐《だいごみ》味です。

そう思うと、今はずっとひとりで仕事していますからね、健康に悪いのかもしれないね。

いずれにせよ、人力がケアする人をケアする。

このときも、実は根源的にはお金がものを言うんですね。介護にせよ、保育にせよ、教育にせよ、人手不足は最大の悪です。ちゃんと予算をつけて、ケアする人にお金を支払って働いてもらうのがいい。

ちょっと人が余ってるくらいがいいんですよ。ピンチのときに緊急対応できますからね。今社会にはさまざまなケアの問題がありますが、お金抜きで策を弄《ろう》しても、結局まやかしになってしまうのはこれが理由です。人が足りなければ、ケアのつらさのしわ寄せを、別の場所に押しやるだけになってしまう。

◎決める力

お金、人の次は権力です。というと、なんだか悪い政治家が料亭でしている話みたいですけど、ケアする人に必要なものの話ですよ。

権力って、ようは決める力のことです。そして、決めた通りに周りの人を動かす力のことです。

たとえばね、親の介護をしていたとするならば、具体的にどんなリハビリをしていくのがいいかをあなたが決められたなら、やる気が出てきます。そして、兄妹《きょうだい》にそのための協力を頼んで、車での送迎を手伝ってもらえるならば、頑張れる気がしますよね。

逆に、自分が介護しているのに、そのやり方とか方針を誰かほかの人に決められて、自分はそれに従うしかないときには、どんどんこころが苦しくなっていきます。奴隷にされているような気持ちになっちゃうんです。

仕事でケアをしている場合もそうです。不登校の子どもと会っていて、僕なりにその子のことを理解して、「こういうことをしたら助かるんじゃないか」と考え付いたときに、上司から「いいから、言われたようにやって」と命令されたら、嫌になっちゃいますよ。

ケアには創意工夫がある。

相手のことを理解して、何をしたら役立つかを考えるのはクリエイティブなことです。それをやってみて、うまくいったらうれしいよね。そういう喜びがケアにはあると思うんです。

そのためには決める力がいる。裁量というやつですね。ケアしている人に裁量権があって、その人らしいケアができること、そして周りがそのために動いてくれることが、ケアする人を支えます。

「俺じゃなくてもいいじゃん」って思ったときに、ケアは本当につらくなるんですよ。

ケアというのはつながりだからね、その人らしさというものを抜きにはありえないじゃないですか？「俺だからこそ」という感覚が奪われてしまうときに、ケアを続けられなくなってしまう。なので、権力大事。

◎認められること

あとは承認、ようはちゃんと価値が認められることです。

「承認欲求」という言葉があって、「あいつ承認欲求高めだよな」みたいな感じで、若干バカにしたような響きで世の中では使われているのですが、僕は人間にとって承認は本当に大事なものだと思うんですよね。

周りから認められていること、価値があると思われていること、そしてそれがちゃんと本人に伝わっていること。これがないと、僕らは周りの人が敵のように見えて、どんどん孤独な気持ちになっていきます（これがＰＳポジションでしたね）。

たとえば、誰にでもできる簡単な仕事をしているんでしょ、と思われているときにケアはつらくなりますよね。育児や介護が苦しくなる理由のひとつがこれです。本当に大変なことをしているのに、その価値や大変さがわかってもらえないときに、ケアは危機を迎える。

承認の最たるものがお金なんですね。またもやお金の話になっちゃうんだけど（笑）、実際そうだと思うんです。自分の仕事にたくさんお金が払われていると、それくらい大事な仕事なんだと思うわけですよね。単純だけど、本質です。

でも、お金だけじゃなくて、たとえば職場のシステムで、ちゃんと自分専用の机やパソコンが準備されたり、研修に行かせてもらえるとかも元気出る。あるいは、家庭の中でも休日のスケジュールを自分中心に決めさせてもらえるときに、ちゃんと認めてもらえている感じがしますよね。

それから、口先も馬鹿にはできませんよ。褒めてもらったり、感謝されたりすると、やっぱりうれしいし、元気出るよね。

大事にされているって感じられるのが大切です。ですので、皆さんもガンガン周りの人を褒めていきましょうね。

◎仲間

社会篇の最後は「仲間」です。

これは個人篇で取り上げる「友達」とはちょっと違うんです。もちろん、仲間が友達になることもあるし、友達が仲間になることもあって、重なりはあるんですけど、分けておいた方がいい。

どう違うか。


仲間は目的を同じくしているつながりで、友達は目的と関係のないつながり。


「目的」というのは社会的なことなんですね、現実に働きかけていくわけですから。

そういう意味で、仲間はパブリック、友達はプライベート。

仲間は社会的な連帯、友達は個人的な親密。

いろいろな言い方があるのでしょうが、そういう違いがある。

具体的に言うならば、たとえば、同業者集団は仲間の代表例ですね。心理士仲間とか看護師仲間とか、同じ仕事をしている同業者とのつながりによって、ケアする人はケアされます。

「それが大変なんだよ」と苦労をわかってくれるのも大事だし、「そういうときはこうするといいよ」と具体的な知恵をくれると助かります。

僕は結構まじめに心理の学会の仕事をするタイプなんですけど、それは臨床を続けていくためには同業者たちとちゃんとつながっているのが大事だと思っているからです。専門家は仲間から外れちゃうとおかしくなりやすいですよ。

あるいは当事者仲間というのもありますね。いわゆる依存症の自助グループとかがその代表例ですけど、同じ困りごとを持った者同士が、その困りごとに対処するために集う。ママ友とかも子育て当事者の仲間だと言えます。今はＳＮＳがありますから、ハッシュタグひとつで仲間が作りやすい時代だと言えます。これはとてもいいことだと思いますが、仲間はできても友達を作るのは難しい、というのがＳＮＳの特徴かもしれないね。

仲間というのは横のつながりのように聞こえるかもしれないけど、縦のつながりがあるのも大事ですね。

いわゆる、先輩とか後輩とのつながりもいいものです。

先輩に教えてもらうと助かるし、後輩に教えるのは元気が出ます。

僕は臨床の仕事を続けるうえで、先輩に助けてもらってきたという感覚がとてもありますね。いや、まあ意地悪な先輩も多いからすべての先輩ではないんだけど（笑）、でも優しい先輩もたくさんいるのが世の中というものです。

縦と横の両方の仲間がいるといいよね。

ケアする人をケアするもの　個人篇

以上、ケアする人をケアするものの社会篇でした。お金というソリッドなものから、仲間というソフトなものまで、個人を取り巻く社会的なリソースに何があると助かるのかを列挙してきました。

次は、ケアする人をケアするものの個人篇。ケアがつらくなったときに、個人的に使えるケアの方法をお話ししていこうと思います。

◎贅沢

まず、贅沢《ぜいたく》しましょうか。

ドカンと贅沢してもいいし、ちょっぴりの贅沢でもいい。いつもだったら、無駄遣いだと思ってしまうところを、「まあ今日はいいか」と許してみましょう。

ケアとはニーズを満たすことであるという話をしましたが、贅沢とは必要最低限のニーズよりも一歩上をいくことです。

たとえば、仕事で東京から熱海《あたみ》まで行かなくちゃいけない。東海道線で行くなら乗車券は一九八〇円です。これが必要最低限のニーズ。そこに一〇六〇円を加えてグリーン車にするのが贅沢ですね。あるいはいつも火曜日の昼は七〇〇円のラーメンを食べている。これに五〇円を加えて半熟卵をつけるのが贅沢。

こう言うとバカバカしい話に聞こえるかもしれないけど、僕は本質だと思うんですよ。ケアがつらくなっているときって、いつもの必要最低限のニーズを満たすだけではもたなくなっているってことですよね。

満潮のときのように、こころの水位があがっていて、いつもと同じ分だけ水をかき出しても、あふれ出ちゃうわけです。だから、最低限より一歩上に行って、半熟卵一個分水をかき出す必要がある。

贅沢というのは深いと思います。それは自分を労《ねぎら》うことであり、自分の頑張りを認めることです。

贅沢とは自分を人間扱いすることである。

必要最低限を超えようとするのが、動物と人間の違いだと僕は思っています。そうやって文化ができてきたわけですよ。毎日贅沢してたら大変だけど、ときどき贅沢するのが人間です。

とはいえ、贅沢はお金が前提になりますね。この辺が個人篇のつらいところです。そりゃ贅沢したらケアになるけど、そもそもその余裕がないっていうのが問題ではあるんです。なので、社会篇に話は戻っていくわけで、ケアするものについて、社会篇と個人篇は密接に絡まり合っています。

◎勉強

次に勉強です。二つの価値があります。

第一に、ケアするのがつらくなったときに、知識が助けてくれることです。この授業を受けてきた皆さんにはもうおわかりのはずです。

「わかる」がうまくいかないときにケアがつらくなる。だから、本を読んだり、授業を受けたりして、「わからない」が「わかる」に変わると、それだけで大分ケアが楽になる。

たとえば、家族がうつになる。イライラしやすくなったり、寝込んでばかりいる。自分は振り回されてばっかりですっかり疲弊してしまう。そういうときに、うつについての本を読んだり、うつをケアする家族のための本を読んだりすると、そこに自分のことが書いてある。

「ああ、私だけじゃなかったんだ」と思い、「うつだとそうなるんだ」とわかると、再び見通しをもって相手と接することができますよね。

知識が孤独を防ぐ。

第二に、勉強自体が楽しいというのがある。

新しいことを知るのって楽しいし、授業を受けることそのものが大人になると新鮮ですよね。僕もときどきセミナーを受けにいきますけど、気楽な気持ちでいいですよ。最悪寝ちゃってもいいしね。講師であるよりも、生徒である方が絶対に楽しいです。教えるよりも、学ぶ方がいいですよ。

これは専門家でもそうなんですよ。心理士をしていてもね、学会とか研修会とかに行って、新しいことを学ぶと元気が出ます。今自分のしていることを違う角度から見直すことができたり、自分のやっていることの価値を実感できたりします。あるいは明日から新しいことを試してみようと思ったりもします。

もちろんね、それでケアが俄然《がぜん》うまくいくというわけではないんです。新しいことを試すことで、むしろクライエントを戸惑わせてしまうことも少なくない。

それでも、ときどき勉強をして元気が出る時間があることそのものが日々の仕事を支える。長期的に考えると、ケアの仕事は勉強抜きではこころが死んでしまうと思います。

勉強は健康にいい。


ちなみに、授業もいいですけど、やっぱり本っていいですよ。

何度も何度も読み返せるし、読む時期によって違うように読めるから、自分が前とは変わっていたことに気づけるのも、楽しいことです。

ケアする仕事は本に救われる仕事だと思います。僕も特別な一冊みたいなのがあって、著者のサインをもらってます。それが面接室の本棚に並べてある。そういうのって支えになるんですよ。


あ、あとね、自分が感動した本は人に勧めるといいですよ。

その本についての話をできると仲良くなるしね。

ここだけの話ですけど、僕の本はとりわけ縁起がいいらしい。話が盛り上がるから読書会に最適だし、僕の本を贈ることで結婚した人もいたりいなかったりするらしいです。

回し読みするのではなく、購入して贈り合うと断然運気が上がると、ロサンゼルスでは言われているという噂を聞いたことがあった気もするし、なかった気もします。

◎休養

さて、冗談はほどほどにして、ここで真打登場。休みましょう。

本当はこれを最初にもってきた方が良かったのかもしれないね。贅沢よりも先に休養。ケアがつらくなったときの特効薬は休むことです。

ただ、これが実はとても難しい。

というのも、ケアを休むためには、誰かが代わりをしてくれなきゃいけないからです。たとえば、家で介護をしていたとしたら、簡単に休めませんよね。

ケアとは依存を引き受けることなので、あなたが急にいなくなると、依存していた人はものすごく大変なことになる。この休めなさがケアがつらくなることの大きな要因のひとつです。

これも結局社会篇に戻ってきちゃうわけです。人力がないと、休むこともできない。

これを裏返すと、休むことの本質が浮かび上がります。

休養とは「一人になること」である。

こころのケアというのはずっと人間関係の中にいるってことなんですね。そのことに僕らは疲弊してしまう。ですから、いつもの人間関係から離れて、一人になる。自分のことだけ考えていられる時間を持つ。これこそが休養の神髄だと思います。

ゴールデンウィークのようにまとめて長く休むというのもいいのですが、細切れでミクロな休養というのもありえます。たとえば、毎日の生活の中に一人になれる時間を持つというのもそのひとつですね。夜はパートナーが赤ん坊の面倒を見てくれるから、自分の好きなことをする時間ができるとすると、これもミクロな休養になります。

あるいは職場に一人でいられる場所があるというのもいいね。自分の個室があったら最強ですが、さすがにそれは難しいとして、屋上でもいいし、裏口でもいいんですよ。逃げ込める場所があるといいよね。

いずれにせよ、休養は本当に大事です。ケアをし続けるためには、定期的な休養が必要です。

遠くまで行くためには、ガソリンスタンドがあちこちになきゃいけないのと同じですね。ですから、ケアがつらくなったら、思い切って休みましょう。無理を言って、誰かに役割をしばし代わってもらいましょう。それがケアを長続きさせるための秘訣です。

◎友達

そして、友達。

社会篇では仲間が大事だといいましたが、個人篇では友達を推していきます。その違いは目的の有無にありました。仲間は目的を共有しているけど、友達は目的とは関係のないつながりです。

たとえば、中学のときの同級生とか、近所の公園でときどき会うおばあちゃんとか、前の職場の同僚とか、利害関係があるわけじゃないのにつながっている人が友達です。

ケアがつらくなったら、そういう人に会いましょう。おしゃべりしたり、飲みに行ったりして、愚痴をこぼしたり、相談するとよい。

遠慮はいりません。向こうからすると連絡がきたこと自体がうれしいはずですし、頼ってもらえたことがうれしいはずです。

もちろんね、個人主義の社会ですから、気後れしちゃうのはわかりますが、あなたも逆の立場だったらうれしいと思うんじゃないですか？

相談されるのってうれしいんですよ。

人を助けることは自分を助けることでもある。

好きな人の役に立てたと思えることほど素晴らしいことはありません。そう思うと、相談をもちかけられるというのは、むしろプレゼントなんじゃないかと思うくらいです。というのは言い過ぎですけど、でもそんなに嫌な気持ちはしません。

もちろんね、友達なのだから、現実的に解決してくれるとは限りません。いや、むしろそういうことの方が少ないくらいでしょう。友達には限界があります。上司と違って権限がないし、家族と違って責任がないから、やれること・できることは限られている。でも、だからこそ、無責任にも、あなたの側に立つことができる。

これが友達の大事なところです。あなたにはあなたの言い分があるし、あなたの気持ちがある。現実から離れて、こっち側に立ってくれることがきわめて助かるときがあるわけです。

「いろいろあるけど、お前がいいやつなのは知ってるよ」と言ってくれることほどありがたいセリフはないでしょう。

ですので、きいてもらいましょう。他人の話をきくためには、まず自分の話をきいてもらう必要がある。

友達に頼って、心配してもらう。何かあればまたきいてもらう。その繰り返しにケアする毎日は支えられます。

◎よくなっていること

さて、最後にお伝えしたい技術は、ふりかえりです。つまり、自分がやっているケアについて、ふりかえること。

ときどきね、今までの経緯をふりかえり、相手がどういう風に変わってきたか、あるいは変わらなかったかを確認することは、ケアを助けてくれます。

とりわけ「よくなっていること」を認識できるとよい。これがね、ケアしていると見失いやすいんですよ。

たとえば、子どもが不登校になって、長い雨の日を過ごしていたとしましょう。その間にいろいろなことが起こるわけですが、ついつい僕らは「ずっとよくないままだ」と悲観的になりがちです。結局学校には行けてない、と思ってしまうからです。

これはケアがつらいときほど、そうなります。ケアには納品がないという話をしましたが、「学校に行く」というわかりやすいゴールに至るのは簡単ではなく、そもそも介護のようにゴールそのものがあいまいなケアもたくさんあります。

すると、僕らは無力感に襲われやすく、虚《むな》しい気持ちになりやすくなります。

でもね、よくよくふりかえってみると、当初は夕方まで寝ていた子どもが、昼頃には起きるようになっているかもしれないし、一緒に昼ご飯を食べるようになっているかもしれない。

雷雨だったケア模様が、今は小雨になっているし、ときどき晴れ間も覗いている。

よくなっているところ「も」ある。

この「も」が本当に本当に貴重だと思うんですよ。

それは子どものこころに灯《とも》っている小さな希望を受け取ることでもあるし、僕たち自身のこころから希望を消さないことでもあります。

相手との間にあるつながりには、ちゃんと善きものも宿っていた、この感覚がケアを支えます。

もちろん、無理にポジティブになる必要はありません。

ケアとはネガティブなものと向き合うことなのだから、変にポジティブに解釈することは相手を否定することだし、自分に嘘をつくことになってしまう。これは有害です。

でも、晴れ間が覗いた時間があったこと「も」事実なんですね。そういう現実は現実として、きちんと評価し、受け取るべきだと思うんです。

現実こそが、こころの栄養。

そのためには人に話をするといいと思います。自分では見えなくなっていることが、第三者にはよく見えるんです。

カウンセラーとしてやっている仕事の多くがこれですよ。ケアする人の話をきいて、ちゃんと思いが伝わって、変化しているところ「も」あることを伝えてあげる。

もちろん、うまくいっていないことの話もするのですが、真に大事なのはよくなっていることを確認できることだと僕は思います。

人はそれなりに変わるし、思いも全部ではないにせよ、伝わる部分は伝わる。ケアしているときに、見失われやすいのは人間のこのポジティブな側面だと思うわけです。よくなっていることを忘れないでおけると、ケアの楽しい部分を味わえるようになります。専門家だって結局そうなんですよ。ときどき「よくなってるじゃん」と思うことが、どれだけうれしくて、励まされるか。そして、「この仕事面白いな」と感じさせてくれることか。

こういうことです。


雨の日が続いているのが、ケアの日常です。

毎日基本的に雨が降っている。大雨のときもあれば、霧雨のときもある。

でも、ときどき晴れ間が覗く。そういうときに、足元ではなく、空を見上げてみると、ラッキーなことに虹が見えてしまうこと「も」ある。

これに励まされて、また雨降りのケアを続けていくわけです。

これがときどきなのが大事だし、「も」であることが重要なんでしょうね。

ずっと虹を探している人は、首が疲れちゃいますよ。


ときどき、虹が出ること「も」ある。

これがケアの空模様だと、僕は思います。

今日のまとめ

◎ケアする人がケアされているとき、ケアは楽しい

終わりに向かっていきましょう。

今日はなぜケアする人がつらくなるのかを理論的に説明し、その後にケアする人をケアするにはどうすればいいのか具体的に話をしてきました。

こうして話し終わってみると、僕はどうやらこの授業でケアの楽しい側面を語りたかったようです。

ケアの勉強をするのは楽しいし、工夫を考えるのも面白いことです。やってみて、相手に変化があったらうれしいし、何よりも誰かのこころや人生にかかわることには深い喜びがあります。

ケアはつらいよ、でも楽しいものでもある。

ケアには二面性がある。これがこの本の結論です。もう少し丁寧に言うと次のようになる。

ケアする人がケアされていないとき、ケアはつらくなる。
ケアする人がケアされているとき、ケアには楽しいところもある。

育児を思い浮かべてみてください。小さな赤ちゃんの面倒を見るのは本当に大変です。夜泣きはするし、目を離すことはできないし、莫大《ばくだい》なエネルギーを必要とします。ですから、ときにケアはとてもつらくなる。どうしてこの子はこんなに勝手なんだろう、もうこれ以上できない。そういう風に追い詰められます。

だけど、手伝ってくれる人がいて、愚痴を聞いてくれるようなつながりがあり、お金や時間にも余裕があるならば、育児には素晴らしいと思える瞬間もあります。

本当にかわいいなと思うこともあるだろうし、はじめて言葉を発したら感動します。

ケアする人がケアされているならば、ケアする人が元気でいるならば、ケアには確かに楽しさもある。

◎傷と傷が触れ合う

ケアはつらいよ、楽しいよ。

これをもうひとつ別の側面からお話ししておきます。

こころのケアとは、ケアする人が傷ついてしまう営みでもあり、同時に癒される営みでもある。

傷ついているこころにかかわる。そのとき、ケアする人はときに傷つけられます。

傷は傷を呼ぶ。

なぜなら、傷つけることを通じてしか、自分の痛みを伝えることができないときがあるからです。

あるいは、相手の傷つきを理解しようとするときに、自分がかつて傷ついた記憶が痛みだすことになります。

あなたの足の骨折のつらさを理解するために、かつて僕が捻挫《ねんざ》をして、歩けなくなっちゃったときのことを思い出すのと同じです。

もちろん、それは同じ痛みではないのだけれど、それでも出発点として自分が傷ついた体験が使われる。これがときにかさぶたをはがしたような痛みを引き起こします。

こころのケアにはどうしても傷と傷が触れ合う瞬間があるということです。

そういう傷が絡まり合って、転移と逆転移が生まれるし、それが行き過ぎたときに、ケアする人もされる人も深く傷つきます。ケアがつらくなる。

でも同時に、傷と傷が触れ合うからこそ生まれる深いつながりもあります。

若い頃にできた親友ってそんな感じじゃないですか？

似たような傷を抱えていて、それがお互いを引き寄せるわけです。恋愛とかもそうかもしれないね。それぞれが違う傷を抱えているんだけど、でもなんか共鳴するからこころが持っていかれるんです。

傷を介して、人と人は混じり合う。人間と人間を近づけるのは傷である。

逆に言うと、傷の部分抜きで付き合うのがまともな大人の付き合い方なんでしょうね。取引先といちいち傷でつながっていたら、巨額の不正とかしちゃいそうだもんね。社会人の礼儀作法とか常識というのは、傷が外ににじみ出ないためにあるのだと思います。でも、ケアの関係っていうのはやっぱり、傷の部分で付き合うことが避けられない。傷こそが問題になっているわけですから。

それがつらくなる理由でもあるし、同時に癒される理由でもあるのでしょう。ケアする人生とは、人と人との間に置かれた人生です。それが僕らの孤独を防いでくれる。だから、ケアは面倒くさいときもあるけど、根源的には悪いものじゃないと思うんですよ。それが人間と人間を結び付けてくれます。

ただ、もちろん、十分にケアされていたならば、という但し書きがつくのだけれど。

授業全体のまとめ

◎ケアは世界を豊かにする

さあ、終わりましょう。

最後にこの授業全体のまとめをしておきます。


こころのケアがはじまったら。


この言葉からこの授業をはじめました。

ケアとは、「さあやるぞ」と決意してはじめるものではなく、突然はじまってしまうものです。

ある日、子どもの具合が悪くなっている。パートナーが病気になる。友達から「死にたい」とメールが来る。

ケアとは入場券を買ってはじめるものじゃなくて、巻き込まれることではじまるものである。

探偵小説に近いね。ある日手紙が舞い込むんです。謎が持ち込まれる。そうして気づけば、物語ははじまってしまっている。

こころのケアがはじまるとは「わからない」に出会うことである。


昨日まではよく知っていたはずの子どもが、次の朝に学校に行こうとしなくなると、全然わからない他者になってしまう。

目の前に謎が置かれる。本人も何に苦しんでいるかわかんないし、僕らにもわからない。

だから僕らは最初、ケアに失敗するんです。必ず、失敗する。

相手のことがわからないから、何度も何度も傷つけてしまう。

これが雨の日でした。


でもね、雨の日には同時に学んでいくんです。

ケアとは傷つけないことである。

そのために、雨の日の僕らは「わかる」と「きく」と「おせっかい」をグルグルと回します。失敗を重ねながら、周囲に相談しながら、いかにしたら傷つけないかを試行錯誤する。

すると、少しずつこの子はこういう風に感じていたんだとか、これが苦しかったんだっていうのがわかっていく。

相手が自分とは違うように世界を見ていることがわかってくる。

このとき、僕らは他者のこころを深く知ると同時に、世界の別の姿を発見しています。

そう、世界がデコボコだらけであったことが「わかる」。


自分にとってはふつうに歩ける平坦《へいたん》な道が、ほかの人にはデコボコである。


たとえば、不登校の子どもの目から学校を見ると、いかに学校がデコボコだらけで過ごしにくい場所かを思い浮かべてみるといいと思います。

学校だけじゃない。あらゆる場所がそうです。

ケアを通じて、世界にはいろんなデコボコがあり、へこみがあり、突起物があって、歩きにくい場所であると知る。

そのとき、世界は深くて、複雑なものとして再発見されています。これが世界を豊かにする。

だって、そうでしょう?

アスファルトで整然と舗装された道より、デコボコのある道の方が断然豊かだと思いませんか?

アリやバッタがそのデコボコに潜んでいるかもしれないじゃないですか?

ケアをしながら、僕らは世界の深さ・広さ・豊かさを知っていくということです。

たらいいか。

世界がいかに住みにくい場所であるか、そしてそういう場所でも楽に生きるにはどうし

そういうことを学び、ケアを実践し、そしてケアしている相手が時折楽しんでいる姿を見ながら、僕らは世界の豊かさを知るのだと思います。

僕ね、心理士の仕事にはいろいろ大変なこともあるけど、やっぱりいい仕事だなと思うんだけど、その理由はこれですね。

今まで、まったく自分が知らなかった世界の姿を、この仕事を通じて教えてもらったように思うんです。

それは心理士に限らず、ケアする人すべてがどこかで感じることではないかと思います。

◎終わりに　生きることの大半はケアである

さあ、締めましょう。

ケアとは傷つけないことである。

これがこの授業の根本命題でした。

しかし、世界には傷が満ち溢《あふ》れている。

傷つかないで生きている人はいないですよね。戦争とか災害とかそういうドデカイ話だけではなくて、ふつうに生活していても、ミクロな人間関係で大量に傷が発生し続けるの

が人間社会です。

不思議です。これだけテクノロジーが発展して、いろいろなものが便利になったのに、全然人が幸せになっている感じがしない。傷つく機会は増えているような気すらする。人間というのはダメですね、亀の方がずっと幸せそうです。


したがって、僕らの生きることの大半はケアに費やされている。

周りに傷ついている人たちがいるから、彼らのケアをしながら生きていく。あるいは僕ら自身の傷を、周りにケアしてもらいながら生きていく。これが僕らの日常であり、そして人生だと思うわけです。

若い頃って、あまりそう思いにくいんですよ。少なくとも僕はそうだった。もっとひとりで生きているような気持ちがしていたし、ひとりで生きていけるようになるのが大事だと思っていました。


でもね、年を取るごとに、徐々に観念してくる。周囲のケアをしたり、周囲にケアされたりする時間が増えていく。自分も周りもいつも元気なわけではなく、案外具合の悪いときがあり、ケアを必要としながら生きていることがわかってくる。

いつもどこかで雨が降っている。

四十歳を超えると、一日のほとんどがケアですよ。家庭はもとより、職場でも同僚のケアをしたり、部下のケアをしたりしているうちに、もう夕方になっている。あるいは、いろいろな人が大量にケアしてくれていることでなんとか一日をやり終えることができていることに気がつくようになっていく。

僕らはケアの中を泳いでいます。

つまり、つながりの中で生きているということです。それが人間的生活というものだと思うわけです。

ですから、さっき僕は亀の方が幸せそうと言ったけど、あれは間違いですね。甲羅の中にひきこもっていたら傷つかないで済むかもしれないけど、それだとやっぱり孤独だよね。人間はすぐに他人を傷つけるから、本当に嫌になるんだけど、だからといってこっちが亀になって、甲羅の中にひきこもっても寂しくなっちゃいます。

ケアは面倒です。

だけど、ケアがあるから、僕らは人と人とのつながりの中にいられるのだと思います。そういう意味で、すべての人間が本来はケアする人であり、同時にケアされる人でもある。僕はそう思いながら、この授業をしていました。

ということで、最後にエピグラフをもう一度ご覧いただければと思います。アイルランド出身のノーベル賞作家ベケットの名作『ゴドーを待ちながら』の一節です。

誰かがわたしたちを必要とするのは毎日ってわけじゃないんだ。実のところ、今だって、正確にいえば、わたしたちが必要なんじゃない。ほかの人間だって、この仕事はやってのけるに違いない。わたしたちよりうまいかどうか、そりゃ別としてもだ。われわれの聞いた呼び声は、むしろ、人類全体に向けられているわけだ。ただ、今日ただいま、この場では、人類はすなわちわれわれ二人だ

「ただ、今日ただいま、この場では、人類はすなわちわれわれ二人だ」

いい言葉だと思いませんか？

そう、今日、この場にいたのは、あなただった。

雨が降っている。目の前に濡れている人がいる。その人は助けを待っている。そのとき、とりあえず目の前にいたのがあなただった。

だから、あなたが傘を差し出す。濡れないようにしてあげる。

あるいは一緒に傘に入ってもらう。肩を濡らしながら、雨の中を一緒に歩いていく。

偶然といえば偶然だし、運命といえば運命です。

でも、こころのケアははじまってしまっています。

僕らは引き受けるんですね。その場にいたのだから、傘を差し出すわけです。そのようにして、こころのケアははじまる。

この授業が雨の日に偶然立ち会ってしまった人たちの役に立てればと願っています。ベケットの言うように、ケアは「人類全体」で応援するべきものなのでしょうが、さすがにそんなロマンチックなことまでは思えないから、ひとまず本を通してバックアップしたいと思って、この授業をやってきました。

雨の日を過ごすあなたが元気で健康であるように、そしてときに挟み込まれる晴れ間を楽しめるようにと祈って、ここで授業を終わりたいと思います。

さあ、日常へと帰りましょう。ケアが待っています。

ご清聴ありがとうございました。パチパチパチパチと拍手をお願いします。

いや、まだ質問タイムがありましたね。

最後ですので、なんでもどうぞ。

質問タイム①

質問：「ケアには納品がない」ということですが、成果は必要だなとも感じます。成果がないと、ケアする側もされる側も停滞してしまうのではないでしょうか。

東畑：そうなんですよ。成果が出ると盛り上がるんです。たとえば、勉強を教えたら成績が上がるとか、トレーニングをしたら筋肉が付いたとか。そういうのはやっぱりやってる側としても元気出てきますよね。

ただね、こころのケアの場合は、成果が見えにくい。これが難しいんですよ。一見元気になったように見えて、周りに合わせているだけで、後から力尽きるとかありますからね。

でもね、やっぱり僕も成果を感じることはあって、そこから元気をもらっているのも事実です。

じゃあ、僕が何を成果と感じているかというと、他人への信頼ですね。クライエントが他者を信頼し始めているときに、成果出てるなと思います。

学校に行き始めるというのも、親が怖いから行き始めたのと、友達が来いよと言ってくれたから行き始めるのとじゃ全然違うよね。前者はそのうち行かなくなりそうだけど、後者は続くかもしれない、と思う。

もっと細かなことでもいいんですよ。最近ちょっと笑うようになったねとか、気の抜けた服装でも人と会えるようになったね、とかでもいい。それもまた、他者への信頼ですよね。

昔、ガチガチに人を怖がっていた子どもとカウンセリングをしていて、オナラをされたときには感動しましたよ。この子、俺といて油断するようになったんだって思いました。

そういう小さい内面的成果で喜んでいるうちに、社会でも認められるような成果が出るのがケアというものではないかなと思います。まあとにかく、喜ばしいことを喜べるのは大事ですよ。そういう意味で成果は大事であることに同意します。

質問タイム②

質問：専門性や知識がケアする人にとって救いになる、役に立つということでしたが、一方で自分の中で、頭でっかちになる感覚に陥ることがあります。

東畑：僕が若い頃、臨床心理士養成の大学院ではそういうことがよく言われていました。臨床は頭でやるのではない、こころでやるんだ！　みたいな感じで、本を読みすぎるとダメだという風潮がありました。

確かに一理はあるんですよ。理論を完璧《かんぺき》にマスターしても、それでケアがうまくなるわけじゃないからね。「これは無意識です」みたいに、理論の当てはめでものを言い始めると、むしろ有害です。頭でっかちは確かに良くない。

でもね、でっかちではなく、適正サイズならば、頭はあった方がいいと思うんですよ。こころだけでケアをやっているのは、それはそれで危険です。感情はどんどん巻き込まれていきますから、こころに舵取《かじと》りを任せるとケアはあらぬ方向に行ってしまうことがある。ときどき、頭を使って事態を整理できた方がいい。

こころというのは、わざわざ使おうとしなくても、勝手に使われちゃうものだと思うんですよ。つながりというのは、無理して作ろうとしなくても、何度も何度も会い続けているうちに、勝手にできてしまうものです。川の流れみたいなものですね。水路に沿って、水は勝手に流れていく。

頭の役割は、洪水にならないように水路に調整を加えることです。ほかの水路を作ったり（ケアする人を増やす）、堤防を強化したり（ケアする人をケアする）を判断する。こういうときに知性が役に立つし、情報があると助かります。

結局バランスですね。頭でっかちもダメだし、こころでっかちもダメ。両方がほどよいバランスをとれているときに、ケアはうまくいく。

そのためにどうしたらいいか。適当に、気楽に勉強しましょう。

つまり、理論を完全にマスターしようとしたり、細かい知識にこだわったりしない方がいい。日常のケアのためには理論も知識もつまみ食いがいいと思います。

たとえば、この授業だって、全部を完璧に理解する必要なんかないんですよ。話を聞いていて、「あ、私が体験してたのはこれだ」と思ったり、「こう理解すれば、あの子のことがちょっとわかるかも」と思ったりする。

それで十分です。補助線ってそんなものですね。あなたのひらめきの助けになりそうだったら使えばいいし、そうじゃなければ無視すればいい。

「正しいケア」のためではなく、「目の前のケア」を続けるために勉強しているんです。臨機応変につまみ食いして、美味《おい》しければ食べたらいいし、不味《まず》ければ残してもいいんです。

気楽に行きましょう。あなたが元気であるのが一番です。

夜はよく眠れて、朝ご飯を食べて、天気も、いい、
さあ頑張るか、と思えているときに、ケアはうまくいく

ケアには「あれか、これか」ではなく
創意工夫「あれも、これも」
がある

社会のせいであることを、ついつい
自分のせいであると思ってしまう

人間関係が
不潔であるときに、
人は孤独じゃなくなる

わかることそのものが
かわることである

ケアする人がケアされているとき、ケアには楽しいところもある

自分にとっては
ふつうに歩ける平坦な道が、
ほかの人にはデコボコである

傷を介して、
人と人は混じり合う。
人間と人間を
近づけるのは
傷である

● ケアにはクライマックスがない

こころのケアがはじまるとは
「わからない」に出会うことである

傷は傷を呼ぶ

● よくなっているところ「も」ある
● ときどき、虹が出ること「も」ある

もっと勉強したい人のためのブックガイド

大学の授業の終わりには、もっと勉強したい人向けの読書案内が配られます。その授業で学んだことをさらに深めることのできる本たちが紹介されているプリントです。

授業は終わっても、勉強は終わらないようにするための教師からのおせっかい。

これね、義務で受けていたつまらない授業だと、「余計なお世話だなぁ」と思うものですが、それなりに面白くて興味が湧いた授業だと、「お、助かるおせっかいじゃん、粋《いき》だね」と思うこともあるものです。

ですから、僕もブックガイドを作ってみることにしました。

ところで、プリントを作っていて気づいたのですが、この授業は僕が今まで書いてきた本の集大成というか総集篇のようになっているみたいです。

特にそういうつもりはなかったし、集大成的な大それたことをする年齢でもないのですが、よく考えてみるとわからなくもない。

クライエントの話をきき、アドバイスをする。そういう毎日のカウンセリングのおすそわけが、雨の日の心理学でした。

カウンセリングのときの僕はいつでも集大成なんですよ。

僕に限らず、すべての心理士がそうだと思います。


そうですよね？

カウンセリングではこれまで勉強してきたことをフル稼働させざるをえない。というか、これまで考えてきて、血肉化したものしか使えません。その場で辞書を引いたり、ネットで検索したりできないし、そんなことをしても目の前のクライエントのことは書いていません。

逆に言えば、血肉化しているので、一部だけ使って、カウンセリングはできない。

本を書くってそういうことなんですよ。

一度書いたことは血となり肉となるので、クライエントに伝える言葉は、いつでもそれまでに書いた本たちの集大成になっちゃうわけです。


ということで、以下のブックガイドでは、各テーマについて、僕の本と僕が特に勉強をしてきた精神分析と医療人類学の本を紹介させてもらうことになりました。
そちらを読んでいただくと、末尾には参考文献が挙げられているので、さらなる勉強をしたい人はより深く進んでもらえたらと思います。

終わりなき勉強へ、ようこそ。

1日目　こころのケアとはなんだろうか

①アーサー・クラインマン『臨床人類学』河出書房新社

これは空前の名著で、僕が死んだときにはお墓に入れてほしい一冊です。ヘルス・ケア・システム理論についてはこの本が本家本元。

②東畑開人『日本のありふれた心理療法』誠信書房

ただ、クラインマンの本は難しいという方は、僕がかみ砕いて理論を説明しているので、この本の1章を参考にしていただければと思います。これをさらにかみ砕くと、今回の授業になる感じです。

③東畑開人『居るのはつらいよ』医学書院
沖縄の精神科デイケアで僕が体験したことを書いた本で、ケアとセラピーについて詳しく書いてあります。なぜこの授業で僕がお金にこだわっていたのかも、この本を読むとわかるはずです。

・さらなる勉強本
熟知性については中井久夫『治療文化論』、世間知についてはカントの『実用的見地における人間学』がいいです。授業中にも言ったけど、カントのこの本は超面白いですよ。ただ高価なので、図書館で借りるといいかもしれない。

2日目　こころをわかるとはどういうことだろうか

①東畑開人『なんでも見つかる夜に、こころだけが見つからない』新潮社
そもそも補助線とは何かから始まって、精神分析の基本アイディアを物語仕立てで解説している本です。「わかる」ための参考書と言えます。後半に「スッキリとモヤモヤ」「純粋と不純」という補助線が出てきますが、それらは実はPSとDについて書いたものです。

②松木邦裕『対象関係論を学ぶ』岩崎学術出版社
精神分析についてもう少し詳しく学びたい人はこの本がおすすめです。不朽の名著といっていいと思います。わかりやすいのに、深い。ちなみに、松木先生は大学院のときの先生で、僕はモノマネができます。

・さらなる勉強本
僕の脳内で映画化されていたアンナ・Oとブロイアーの物語についてはエレンベルガーの『無意識の発見』にも書いてあります。この本もお墓に入れてほしいね。シャーマニズムとか悪魔祓《ばら》いの時代から、精神分析が生まれるくらいまでのこころの治療の歴史が書いてあって面白いですよ。みんなが大好きなアドラーの話も出てきます。

3日目　こころはどうしたらきけるのか

①東畑開人『聞く技術　聞いてもらう技術』ちくま新書
聞く技術についてはこちらで詳しく書いていて、この授業はそのダイジェストですね。そのうえで、聞いてもらう方が大事だよというのが強いメッセージの本ですので、そういう意味では5日目の授業とも関係していると言えます。

②河合隼雄『カウンセリングの実際問題』誠信書房

聴く技術についてはこの本がいいと思います。僕は以前に著者からサインをもらっていますから、これもお墓本だ。

この本ではおせっかいをしようとして失敗しまくる姿も正直に描かれていて、その都度「わかる」をやり直していく河合隼雄の姿に胸を打たれます。そうやって、だんだん「聴く」が深まっていくんです。ちなみに、僕は河合隼雄のモノマネも得意です。

・さらなる勉強本

コンテイニング理論についてはさきほどの松木先生の『精神分析体験：ビオンの宇宙』という本が鉄板で、あとは東山紘久《ひがしやまひろひさ》『プロカウンセラーの聞く技術』は初心者にも読みやすい本です。

4日目　こころはなにをすれば助かるのか

①東畑開人『ふつうの相談』金剛出版

実はおせっかい論をまとめて書いたのはこの授業がはじめてです。そういう意味で、この授業で新しい挑戦をした章だったと言えます。

ですから、「これぞ！」という文献はないのですが、基本的なアイディアはこの本で考えていたことの一部です。

というか、実はこの授業全体が「ふつうの相談」の実践篇なんです。普段やっている「ふつうの相談」を授業という形でやってみたということです。

・さらなる勉強本

ウィニコットについては藤山直樹《ふじやまなおき》『集中講義精神分析』の下巻で詳しく書かれています。あ、でも上巻もいいですよ。精神分析全体を広く学ぶ入り口としては、この上下巻が最良だと思います。

あとは、助かる制度については浜内彩乃《はまうちあやの》『流れと対応がチャートでわかる！子どもと大人の福祉制度の歩き方』がいい。親切なまとめられ方をしています。

5日目　ケアする人をケアするもの

①東畑開人『野の医者は笑う』文春文庫

これは沖縄のスピリチュアルヒーラーからたくさん治療を受けて、最後は弟子入りまでしてしまったことを書いた本です。ケアすることと傷つきの関係や、ケアすることで癒《いや》されることについてよくわかると思います。あとやっぱり、お金の話をたくさんしてますね。これが僕の原点で、自分の本で一冊お墓に入れるなら、これかな。

・さらなる勉強本

逆転移については藤山直樹『精神分析という営み』がよくて、依存労働についてはキテイ『愛の労働あるいは依存とケアの正義論』が基本です。ケアの楽しさについては、最初に紹介した『居るのはつらいよ』で具体的に描いていきます。ガジュマルの木の下でデイケアの患者さんと一緒にコーラを飲むことの喜び。これが雨の日に一瞬のぞいた晴れ間の素晴らしさです。


ということで、ブックガイドは以上です。

本篇でもお話ししましたが、ケアする日々にときどき挟まる勉強は健康にいいものですよ。

ぜひ今後とも、雨の日の心理学を深めていってください。

あとがき——宿題となっていた質問

この本は白金高輪《しろかねたかなわ》カウンセリングルーム主催で行われた二〇二三年度オンライン授業「心のケア入門——支えることのための心理学」全五回を書籍化したものです。

二か月に一回、第三金曜日の夜、お昼に臨床の仕事を終えたあとに、僕は授業をしていました。面接室の隣にある事務室のパソコンの前に座り、インターネットの向こうにいる人たちに向かって、こころのケアについて話をしていた。

本当は一時間半の予定だったけど、結局いつも一時間ほど延長していた気がします。僕の話が長くなってしまうというのもあったけど、たくさんの質問があったのもその理由です。授業が終わるともう十時。オンラインの授業というのは終わったあとに特有の寂しさがあるものです。画面を切ると、ポツンと一人で取り残される。後片付けをして帰るころには、すっかり金曜日の夜も更けていたから、小さな夜間学校の教師をやっているような気分になったのを覚えています。

それにしても、なぜそのような授業をすることになったのか。

この本の終わりに、その経緯を少しばかり書き残しておこうと思います。そこには僕なりの「授業とは何か」の考えがあります。

オンラインで授業をはじめたのは、二〇二二年春のこと。ちょうど大学を退職して、町の心理士として生活していくことにしたタイミングでした。

カウンセリングを職業人生の中心にすることは決まっていたわけですが、もうサラリーマンじゃなく自営業者なのだから、町の心理士にできる仕事をいろいろやってみようと模索していた時期です。毎日ぼんやりと「なにかできることないかな」と考えていたんです。

確か、近所の川沿いをランニングしていたときのことでした。ふと思いついた。

せっかく大学で七年間働いたんだ。授業のやり方を覚えて（ときどき笑いをとることもできるようになったし）、何本か出来上がっている授業もある。これを一般市民向けにやってみたらどうだろうか。

思い立ったが吉日、善は急げ。その日のうちに同じカウンセリンググループで働いている臨床心理士の小原《おはら》美樹《みき》さんに連絡を取りました。

「野の大学を作ろう。ごくごく個人的で最小の大学だ」

「楽しそう」

彼女が賛同してくれたので、細かい打ち合わせをして、計画を立てました。何事も慎重な小原さんが丁寧にマネジメントをしてくれたおかげで、思いつきはちゃんと形になっていきました。

初年度のテーマは「臨床心理学入門」にしました。臨床心理学という学問の全体を初心者向けに物語る授業です。

大学教員には誰にでも基幹科目、つまり「これが俺だ」と言えるような伝家の宝刀的講義があります。自分の専門分野のコアを語る授業で、それを一生かけてアップデートしていくのが学者の人生です。

僕の場合は、それが「臨床心理学入門」でした。今までいくつか本を書いてきましたが、それらはすべてこの「臨床心理学入門」へと注ぎ込まれています。いわばそれは学者としての僕のアイデンティティとなるような授業です。

これまでも十文字学園女子大学、お茶の水女子大学、上智大学、慶應義塾大学で開講してきたので、「野の大学」で最初にやる授業はこれしかないと思ったわけです。

それなりにうまくいったと思います。アンケートを見ると評価も悪くなかったし、質疑応答も活発でした。伝家の宝刀的授業を楽しんでもらえたのはハッピーなことでした。学問というものが大学に閉じられておらず、広く社会の中で楽しまれるものであることに希望を感じました。

ただ、実は違和感もありました。というか、少しずつ「それだけでいいのだろうか？」

と思う自分が出てきた。

学問にこだわるのも大事だけど、もっと実用的な授業がありうるのではないか。

町の心理士なんだから、もっと人々の暮らしに役立つ授業ができるのではないか。

授業というものに対する新しい感覚が、僕の中に芽生え始めていました。

その背景には、ここ数年、土日になると、各地に出かけて行って、様々な講演や研修をしていた経験がありました。

依頼主はさまざまです。

臨床心理士や医師、看護師などの専門職団体、不登校の親御さんたちの会、犯罪や非行をした人たちの立ち直りを支える保護司の集まり、会社で部下のケアに困っている管理職の研修、子ども食堂を運営する地域の人たちのための連絡会。

そう、雨の日のこころをケアしている人たちです。

毎日雨が降っている。こころのケアをしようとしているのに、どうしても相手を傷つけてしまう。

そういう日々の中で、一時雨宿りをし、傘や雨具を調達するために、彼らは授業を求めていました。切実です。もう一度、雨の中を歩むために、こころのケアに具体的に役立つ言葉と技術を彼らは必要としていた。

すると、授業は真剣勝負になります。学問的に正しい話をしていればそれでよいとはなりません。日常のケアに役立つ話をしないといけない。話をきいて、「明日から、もう一度頑張ってみるか」と思えるのが、休日や仕事終わりにわざわざききに来る授業に求められることです。

そのときに話していたのが、この本の一日目の授業（と部分的には二日目の授業）でした。

こころのケアは本来、酸素みたいにありふれている。

でも、ときどき難しくなってしまうことがある。それは相手のことがわからなくなってしまうときである。

だから、大切なのは、わからなくなった人をわかり直していくことである。

そうやって、雨の日にもつながりを絶やさないことが、こころのケアになる。

僕のこころのケア論の本質は、ちょっと難しい言葉を使うと、「間接性」にあります。つまり、直接傷に触れて、一直線に傷を癒《いや》すのではなく、極力傷つけないようにつながり続けること。

結局のところ、こころを回復させるのは、つながりの中に居ながらの時間である。これが臨床家としての実感です。

ですから、そういう時間を可能にするべく、間接的にさまざまな配慮をなすのがこころのケアになる。

雨の日に共に居ること。

これにいかに価値があり、そしてそのためにどうしたらいいのかを、僕はいろいろなところで話していました。


うまくいくこともあれば、いかなかったこともあったと思います。役に立てることもあれば、力が及ばなかったこともある。励まされる感想をもらえるときもあれば、厳しい質問が飛んでくることもありました。

生々しくて、ときに痛ましい質問です。その人が担っているケアのつらさが語られ、袋小路のようになっている現実が訴えられます。そして、「どうしたらいいですか？」とまっすぐ問われる。

容易に答えることができないシビアな質問です。というか、そもそもシンプルな解のない問いです。そういう質問に、僕は奥歯にものが挟まったような答えしか言えなかったり、言葉を失って立ち往生したりしました。結局宿題にさせてもらうことも多かった。

でも、だからこそ、授業は深い、と思いました。これこそが生きた授業の醍醐味《だいごみ》だと思った。

授業とはただ知識を伝えるだけではなく、こころがこころに働きかける場所でもあります。毎回毎回が真剣勝負で、役に立つか否かがすぐその場で試されている。授業とはカウンセリングと同じように、切実な苦悩が持ち込まれ、取り組まれるものであったのです。

素晴らしいことじゃないか。

町の心理士の授業はかくあるべきだ。

市井でケアする人々の雨宿りになり、雨の中を歩むことの手伝いになるような授業をしてみようじゃないか。

こうして、二〇二三年度に「心のケア入門——支えることのための心理学」が開講されることになりました。

「臨床心理学入門」と同様、「心のケア入門」でも小原さんが全体のマネジメントを担当してくれました。そして、石田《いしだ》貴栄《たかえ》さんをはじめとした事務スタッフが裏方を務めてくれました。

授業が終わると、直ちに書籍化に向けて動き始めました。

このとき、ＫＡＤＯＫＡＷＡの吉田真理さんには無限に原稿を読んでもらいました。本当に無限に、です。編集者という仕事にはケアの側面が多大にあると思うのですが、その本質が「ちゃんと読んでくれること」にあることを、今回改めて思いました。結局、講義録のほぼすべてを書き直すことになりました。

彼女たちと、僕がこの本に集中することを可能にしてくれた関係者の皆さん、そしてなによりこの授業を受講してくださった方々のおかげで、この本はできました。うまくいったケアは感謝を忘れられがちなので、ここに改めて感謝の意を記しておきたいと思います。

さて、経緯も書いたし、意図も書いたし、謝辞まで書いた。あとがきとしては十分だと思います。でも、実は僕には宿題が残されています。

そうです。この授業にはうまく答えることができず、宿題にさせてもらってきた質問がありました。

次のような質問です。

質問：人に相談することをとても難しいと感じます。自分の気持ちは自分にしかわからないのではないか、わかってくれなかったときの絶望を味わうくらいなら自分で解決しよう、と思ってしまうことがよくあります。この考え方の乗り越え方を教えてほしいです。

似たような質問が無限にありました。

というのも、僕はさまざまなシビアな質問に対して「周りに相談しましょう」と返していたからです。

ここでも間接性です。直接的に困りごとを解決するような答えを出すのではなく、まずケアする人自身がケアされていることが大切なのだと伝えてきた。

つらい質問がなされるということは、ケアする人自身のこころに雨が降っているにちがいない。雨の日には一緒に傘を差して歩いてくれる人が必要である。だから、周りに相談し、心配する人を増やすんだ。つながりを絶やさないためには、ケアする人自身がつながりの中にいることが絶対必要なのだ。

何度も何度もそういう話をしてきました。


ですから、こういう質問がやってくる。

まっとうな問いです。切実で、本質的なことが問われています。

つながりが助かるのはわかった。でも、つながるのが難しいから今こうなっている。どうしたらつながることができるのか？

根源的で、きわめて難しい質問です。

つながりには人知を超えたものがある。だって、つながりのためには自分のこころだけではなく、相手のこころも必要だからです。その二つが揃うためには運命と呼ぶしかないような何らかの力が働かねばならない。

だとすると、どうすれば運命がやってきてくれるのか？

僕の本も授業も、いつもこれが最終的な問題になり、そしてうまく答えられずにきました。

ですが、この本も最後まできたので、教師としての責任を果たさなくてはいけません。宿題に取り組んでみましょう。

完璧《かんぺき》な答えではまったくないにしても、僕自身が今どう考えているかを答えてみたい。オンライン授業では毎回終了後に質問回答動画を撮影して配信していましたが、この本でも最後にそれをしてみることとしましょう。

あと少しだけ、お付き合いください。


東畑：ありがとうございます。この授業はなんだかんだで、ずっとこの問いに取り組んできたのだと思います。

ケアする人はケアされていなくてはいけない。僕はそう言い続けてきたわけですが、皆さんはモヤモヤされていたかもしれません。

頼るのが大事なのはわかったけど、人に頼るのは怖いことだし、そう簡単には頼れない。どうしたらいいんですか？

もっともな問いです。

でも、難しいんですよ。これに僕がビシッと回答できて、「そうだね、頼ってみるわ」と皆さんが思えるようなら、僕は今頃小さな宗教の教祖になっていると思うんです。

問題は他者を信じられないことです。他者に希望を抱けない。絶望している。他者を安全なものだと感じられない。

すると、全部自分で何とかしなきゃいけないと思うから、結果として孤独になってしまう。これはケアされる人とケアする人に共通する苦しさだと思います。

こういうとき、僕に教祖の才能があれば「まずは私を信じてください」と言いますし、その言葉に説得力があると思います。叩けよ、さらば開かれん、みたいにね。そうやって、まず自分という他者を信じてもらうのが教祖のやり方です。そこでは直接的に希望が処方されています。

でも、僕は心理士だから、やっぱりそうは言えない。

よくわかるんです。世の中には実際悪い人もたくさんいます。怖いんですよ。他人を信じるより自分を信じる方が楽です。他者は裏切るけど、自分は基本的には裏切りません。そういうリアリティが確かにある。だからこの問いに対して、口ごもってしまって、モニョモニョと歯切れの悪いことしか言えずにきました。

とはいえ、最後だから、ちゃんと答えてみましょう。教祖的な答えではなく、心理士的な答えを出そうと思います。人類に普遍の答えではなく、この質問者という個別具体的なケースについて答えてみたい。

この質問者の場合、ここまで思っているのなら、実はあと一歩のところまできているのではないでしょうか？

「この考え方の乗り越え方を教えてほしい」と問うていることそのものに希望を感じるからです。

そこには他者は頼ってもいいものなのではないかというほのかな信頼があるし、僕に質問したらいい答えがあるかもしれないという期待があります。

希望がゼロの世界ではなく、希望がうすぼんやりと滲《にじ》んでいる世界に、この質問者はすでに生きているように思う。

だったら、プラクティスです。練習しましょう。

テニスをやってみようかな？　と思ったとするなら、とりあえずラケットを握り、ボールを打つべきなのと一緒です。

やってみないとわからないことがあります。

まずはサーブを打ってみよう。

最初は、サーブは入らないかもしれないし、入ったとしてもレシーブは返ってこないかもしれない。それでも、まずはサーブを打つところからしか、テニスは始まりません。

プラクティス。

相談のサーブを打ってみよう。誰かにこころを打ち明けてみよう。

ボールが返ってこないこともあると思います。でも、そこでくじけずにもう一度サーブを打ってほしいんです。相手は同じ人でもいいし、別の人でもいい。

きっと、いつかは、誰かがあなたのサーブを打ち返してくれる。そう、僕は信じている。

世の中にはあなたのサーブを待っている人が居るはずです。

雨雲の切れ目には晴れ間もあるように、世の中には悪い人も多いけど、いい人「も」いる。

思えばこれが、この授業の一番深いところで響いていた僕の信念だったと思います。

ですから、こういうことです。

私を信じてください（笑）。


ああ、ダメだね。結局教祖みたいになってしまった。質問者を直接的に変えようとして、無理強いになってしまった気がします。

どうしたら人を信じられるのか？

今回もちゃんと答えられませんでした。

これはやっぱり、こころのケアをめぐる究極の問いであるようです。

ですから、引き続き宿題にさせてください。ここはいったん預からせてください。

まだまだ修行が必要です。時間をかけて考えてみようと思います。

ということで、これで本当に終わりますね。
ご清聴ありがとうございました。
またどこかでお会いしましょう。

なかなか梅雨入りしない曇り空、じめじめとした品川のルノアールにて

二〇二四年六月一二日

東畑開人

本書は書き下ろしです。

東畑開人（とうはた　かいと）
1983年東京都生まれ。専門は、臨床心理学・精神分析・医療人類学。京都大学教育学部卒業、京都大学大学院教育学研究科博士後期課程修了。精神科クリニックでの勤務、十文字学園女子大学で准教授として教鞭をとった後、白金高輪カウンセリングルーム主宰。博士（教育学）・臨床心理士・公認心理師。2019年『居るのはつらいよ―ケアとセラピーについての覚書』で第19回大佛次郎論壇賞受賞、紀伊國屋じんぶん大賞2020受賞。その他の著書に『野の医者は笑う――心の治療とは何か？』『日本のありふれた心理療法―ローカルな日常臨床のための心理学と医療人類学』『心はどこへ消えた？』『なんでも見つかる夜に、こころだけが見つからない』『聞く技術 聞いてもらう技術』『ふつうの相談』など。

雨《あめ》の日《ひ》の心理学《しんりがく》　こころのケアがはじまったら

2024年９月２日　初版発行
2025年５月30日　８版発行

著者／東畑開人《とうはたかいと》

発行者／山下直久

発行／株式会社KADOKAWA
〒102-8177　東京都千代田区富士見2-13-3
電話　0570-002-301（ナビダイヤル）

印刷所／旭印刷株式会社

製本所／本間製本株式会社

ISBN 978-4-04-114887-7　C0095